Eva de Valk

SILICON VALLEY
Waar de toekomst wordt gemaakt

Lebowski Publishers, Amsterdam 2014

Silicon Valley is middels icoontjes in de zijlijn voorzien van verwijzingen naar websites, filmpjes, artikelen en audiofragmenten.
Op www.lebowskipublishers.nl/silicon-valley vind je onder het kopje 'links' het complete overzicht.

De redactie heeft getracht alle rechthebbenden van het illustratiemateriaal te achterhalen. Personen of instanties die desondanks menen rechten te kunnen doen gelden, worden verzocht contact met ons op te nemen

De auteur ontving voor de totstandkoming van dit boek een subsidie van het Fonds voor Bijzondere Journalistieke Projecten www.fondsbjp.nl

Dit boek is een gezamenlijke uitgave van Lebowski en omroepvereniging BNN-VARA

© Eva de Valk, 2014
© Nederlandse uitgave: Lebowski Publishers, Amsterdam 2014
Omslagontwerp: Dog and Pony, Amsterdam
Omslagfoto: Corbis | Hollandse Hoogte
Auteursfoto: Veera Luoma-aho
Ontwerp en typografie: Baqup

ISBN 978 90 488 5213 0
ISBN 978 90 488 1883 9 (e-book)
NUR 400

www.lebowskipublishers.nl

Lebowski Publishers is een imprint van Overamstel uitgevers bv

SILICON VALLEY
Waar de toekomst wordt gemaakt

'The future has already arrived.
It's just not evenly distributed yet.'

– William Gibson

Voorwoord Alexander Klöpping	9
Inleiding	11
HOOFDSTUK 1: NERDS	19
STANFORD UNIVERSITY	21
LELAND STANFORD EN DE OPBOUW VAN HET WESTEN	22
DE 'VADER VAN SILICON VALLEY' #1: FREDERICK TERMAN	24
HEWLETT-PACKARD EN DE MYTHE VAN DE GARAGE	27
TERMAN, DE KOUDE OORLOG EN DE OVERHEID	32
DE 'VADER VAN SILICON VALLEY' #2: WILLIAM SHOCKLEY	35
SHOCKLEY SEMICONDUCTOR LABORATORY	37
THE 'TRAITEROUS EIGHT'	39
FAIRCHILD SEMICONDUCTOR EN HET GEÏNTEGREERDE CIRCUIT	43
SPIN-OFFS: 'FAIRCHILDREN'	45
INTEL EN DE MICROPROCESSOR	46
STARTUPS VAN STANFORD: GOOGLE	51
DE NERDS VAN SILICON VALLEY	56
HOOFDSTUK 2: HIPPIES	59
IF YOU'RE GOING TO SAN FRANCISCO	61
GEESTVERRUIMENDE MIDDELEN	63
STEWART BRAND EN WHOLE EARTH CATALOG	65
DOUGLAS ENGELBART	69
DE GEBOORTE VAN DE PC #1: DE XEROX ALTO	71
DE GEBOORTE VAN DE PC #2: DE ALTAIR 8800	74
DE HOMEBREW COMPUTER CLUB & DE GEBOORTE VAN DE PC #3: APPLE I	77
DELEN OF STELEN?	79
DELEN: OPENSOURCESOFTWARE, CROWDSOURCING EN WIKIPEDIA	84
INTERNETVRIJHEID & ELECTRONIC FRONTIER FOUNDATION	88
HACKERS	91
DOE-HET-ZELF: DE MAKER MOVEMENT	93
BURNING MAN	97
IDEALISME BIJ TECHBEDRIJVEN: 'DON'T BE EVIL'	98

HOOFDSTUK 3: ONDERNEMERS

WINNAARS...
... EN VERLIEZERS
DE DOTCOMBOOM: PARTY LIKE IT'S 1999
SHOW ME THE MONEY – INVESTEREN IN VIER STAPPEN
SAND HILL ROAD: WALL STREET VAN HET WESTEN
ANGEL INVESTORS
STARTUPKLIMAAT: NEDERLAND VS. SILICON VALLEY
EEN NEDERLANDSE STARTUP IN SILICON VALLEY: WERCKER
CROWDFUNDING
ACCELERATORS: STARTUPSCHOLEN
WHITE BOYS CLUB?
VAN EEN STARTUP...
... NAAR EEN GROOT BEDRIJF
STARTUPCULTUUR IN GROTE BEDRIJVEN

HOOFDSTUK 4: VISIONAIRS

THE NEXT BIG THING
GESTAGE OPMARS OF KORTSTONDIGE HYPE: DE MOBIELE TELEFOON EN SECOND LIFE
THE NEXT STEVE JOBS: ELON MUSK?
SCIENCEFICTION WORDT WERKELIJKHEID': XPRIZE FOUNDATION EN SINGULARITY UNIVERSITY
RAY KURZWEIL & SINGULARITEIT
ZELFLERENDE COMPUTERS
COMPUTER ALS PERSOONLIJK ASSISTENT
SLIMME SPULLEN
KEN UZELF – IN CIJFERS
EEN COMPUTER OP JE NEUS
ROBOTS
DRONES
DE ZELFRIJDENDE AUTO
SLOT: PRIVACY, VEILIGHEID EN DE MACHT VAN SILICON VALLEY

Verantwoording
Dankwoord
Noten

VOORWOORD

Sinds wij een documentaireserie maakten over Silicon Valley voor *De Wereld Draait Door* word ik vaak aangesproken door mensen die graag het gebied eens willen bezoeken, als ware het een soort bedevaartsoord. Het is dan ook een aanlokkelijk idee: op bezoek in het mekka van de technologie. Veel mensen verwachten hetzelfde als ik toen ik er heen ging: een plek waar louter jonge mensen in kleurrijke T-shirts van Google en Facebook of het logo van hun startup rondlopen, mooie straten waaraan al die topbedrijven gelegen zijn waar medewerkers overal hun nieuwste technieken kunnen uitproberen.

Maar helaas. Silicon Valley is een onwaarschijnlijk lelijk gebied. Doodsaai om doorheen te rijden. Het stuk grond onder San Francisco, dat keurig tussen twee snelwegen ingeklemd ligt, doet nog het meest denken aan een gigantisch industrieterrein waar de zon altijd schijnt (dat wel), en waar hier en daar een leuk straatje is waar mensen bij elkaar komen.

Met onze cameraploeg reden we tien dagen lang rond in een gehuurd busje. Ons navigatiesysteem proclameerde op verveelde toon steeds iets als '*head right on El Camino Real*' of '*head left on El Camino Real*' (alles in Silicon Valley zit kennelijk aan die straat. Het is een lange, saaie weg.) Af en toe wordt El Camino Real onderbroken door een dorpje. Mountain View bijvoorbeeld, dat één quasi-gezellige dorpsstraat telt. Of Palo Alto, waar vooral steenrijke mensen wonen, maar waar naast zo'n enkele dorpsstraat verder ook he-le-maal niets te doen is.

Af en toe rijd je opeens langs een campus van een groot technologiebedrijf. Van Google bijvoorbeeld ('Hee, kijk daar, een Google-fiets'), maar binnenkijken kan niet en zo'n campus is vooral een verzameling grote gebouwen met een eindeloze reeks parkeerplaatsen ertussen. Of die van Facebook, veel gebouwen en parkeerterreinen. Of die van Apple, veel gebouwen, parkeerterreinen én (geheel in Apple-stijl) zenuwachtige security die direct op je af komt rijden om te vragen wat je komt doen.

Van veel bedrijven kun je aan de buitenkant niet eens zien wie er zit of wat ze doen. Zo zit Pebble in een woonwijk, zit drone-koning Chris Anderson in een garage op een treurig industrieterrein en zit WhatsApp in een naamloos gebouw met geblindeerde ramen.

En als gewone bezoeker kom je nergens binnen. Nee, pas als je met een cameraploeg op bezoek gaat wordt Silicon Valley iets leuker. Opeens gaan er deuren open, en zie je dat het op die campussen een dynamische boel is waar ongelofelijk veel mensen werken (alleen bij Google al meer dan twintigduizend). Mooie startups maken opeens tijd voor je omdat ze hopen op goede publiciteit. Toch praten mensen nooit echt vrijuit voor een camera, en gaat er bij grotere bedrijven altijd een woordvoerder mee die er effectief voor zorgt dat niemand iets echt interessants zegt.

En dat is het mooie van het boek dat je in je handen hebt. Elke dag gebruiken we technologie die door programmeurs in Silicon Valley ontwikkeld wordt. Eva de Valk sprak de gezichten achter de bedrijven die onze sociale netwerken onderhouden, onze favoriete apps bouwen, en ervoor zorgen dat we binnenkort in zelfrijdende auto's kunnen rijden. Eva woonde en werkte twee jaar in Silicon Valley en laat zien waarom dit gebied zo speciaal is. Een betere reis naar het gebied kan ik me niet voorstellen.

Alexander Klöpping, juni 2014

INLEIDING

Vijftien jaar geleden ging je naar een reisbureau om een vakantie te boeken. Het belangrijkste nieuws las je 's ochtends in de krant, voor een boek ging je naar de bibliotheek, voor muziek naar een muziekwinkel en foto's delen deed je op feestjes met een diapresentatie. Bellen ging via vaste telefoons – en dan maar hopen dat diegene toevallig thuis was. Internet bestond wel maar was traag. Vergeleken met nu was er ook maar weinig te vinden: er was geen Facebook, Twitter of Skype, geen YouTube, zelfs geen Wikipedia. Google bestond pas net en Apple leek op sterven na dood.

Inmiddels is technologie volledig geïntegreerd in ons dagelijks leven. De cijfers spreken voor zich: Facebook heeft zo'n 1,3 miljard actieve gebruikers[1], op YouTube wordt elke minuut meer dan honderd uur aan videomateriaal geüpload[2], via WhatsApp worden dagelijks vijftig miljard berichtjes verstuurd[3] en wereldwijd hebben meer mensen toegang tot een mobiele telefoon dan tot een schoon toilet.[4] Veel van deze technologie komt uit een klein gebied in de VS: Silicon Valley, de thuishaven van grote techbedrijven zoals Apple, Google, Facebook, WhatsApp en Twitter en de geboorteplaats van de personal computer, de tablet en de smartphone, talloze gadgets, websites en apps.

Ook als je geen bijzondere interesse hebt in technologie of gadgets, maak je waarschijnlijk dagelijks gebruik van diensten en producten uit Silicon Valley. Onze meest persoonlijke informatie stroomt door servers die worden beheerd door bedrijven in Californië. Of je nu wilt of niet, je kunt simpelweg niet om Silicon Valley heen. Toch hebben de meeste mensen niet echt een voorstelling van dit gebied. Waarom wordt juist daar zoveel technologie ontwikkeld? Wat voor mensen wonen er, hoe denken ze, hoe ziet hun leven eruit? Hoe ontstaan techbedrijven eigenlijk? Welke technologieën worden in Silicon Valley op dit moment ontwikkeld en hoe zullen die onze nabije toekomst bepalen? Deze vragen, en nog veel meer, komen in dit boek aan de orde.

Op de wereldkaart is Silicon Valley maar een klein vlekje. Over de precieze grenzen van het gebied lopen de meningen uiteen, maar het gaat grofweg over een strook van zo'n tachtig kilometer lang en tien kilometer breed in het noorden van Californië, in de vallei tussen San Francisco en San Jose. Het gebied is gelegen aan een baai en wordt daarom ook wel de 'Bay Area' genoemd. Maar dat is een algemene benaming; Silicon Valley verwijst specifiek naar de vele techbedrijven in deze omgeving, de startupcultuur en alle innovatie die daaruit voortkomt. Het gebied bestaat uit allerlei aan elkaar gegroeide stadjes zoals Menlo Park, Palo Alto, Mountain View, Sunnyvale, Santa Clara en Cupertino. Aanvankelijk lag het zwaartepunt van Silicon Valley nabij San Jose, in het zuiden van de baai, maar de laatste jaren vestigen zich steeds meer techbedrijven in San Francisco en is deze stad een centrale rol gaan spelen.

Silicon Valley is niet de enige plek ter wereld waar wordt geïnnoveerd: aan de Westkust van de VS zijn veel startups te vinden in Los Angeles ('Silicon Beach'), en in Seattle staan de hoofdkantoren van techgiganten Microsoft en Amazon. Daarnaast vind je clusters van innovatieve bedrijven in onder meer New York ('Silicon Alley'), Londen ('Silicon Roundabout'), Berlijn ('Silicon Allee') en Tel Aviv ('Silicon Wadi'). In Nederland hopen Amsterdam, Delft, Twente en Eindhoven de Hollandse Silicon Valley te worden. Maar als het gaat om technologische innovatie is Silicon Valley wereldwijd onbetwist de nummer één – het is niet voor niets dat al die andere plekken zichzelf naar Silicon Valley vernoemen.[5]

Een groot vergelijkend onderzoek naar de grote startupgebieden wereldwijd laat de bijzondere status van Silicon Valley zien. In alle categorieën staat Silicon Valley bovenaan: het aantal actieve startups, de hoeveelheid risicokapitaal, de impact, de hoeveelheid talent en aantal mentoren.[6] Er zijn meer cijfers die de uitzonderlijke positie van Silicon Valley bevestigen. Zo heeft in Silicon Valley 46 procent van de volwassenen een academische opleiding ('college'), in de rest van Amerika is dat 29 procent[7]. Het gemiddeld jaarinkomen per huishouden ligt op 90.415 dollar, ruim 70 procent boven het landelijk gemiddelde[8]. De arbeidsproductiviteit per werknemer is 157.100 dollar per jaar[9], in Nederland is dit omgerekend 85.900 dollar[10]. 40 procent van al het durfkapitaal in de VS wordt geïnvesteerd in Silicon Valley[11], terwijl er in de Bay Area slechts 7,2 miljoen mensen wonen, nog geen 2,5 procent van de Amerikaanse bevolking.[12]

De Bay Area stond niet altijd in het teken van tech. Tot in de jaren zestig van de vorige eeuw was het een tuinbouwgebied. Oude ansichtkaarten tonen uitgestrekte landerijen met bloeiende appel-, peren-, abrikozen- en kersenbomen. De bijnaam van het gebied was 'Valley of Heart's Delight', de vallei van de hartenlust. Boerenbedrijven en inblikfabrieken waren de belangrijkste werkgevers. Met de opkomst van de siliciumchipindustrie in de jaren zestig kwam daar verandering in en groeide het gebied langzaam uit tot de belangrijkste technologiehub ter wereld.[13] Dit boek brengt deze transformatie in kaart.

Het boek is opgedeeld in vier hoofdstukken: nerds, hippies, ondernemers en visionairs. Silicon Valley werd het belangrijkste innovatiecentrum ter wereld door een min of meer toevallige samenkomst van deze vier types: nerds die geobsedeerd zijn door technologie, hippies die de wereld willen veranderen, ondernemers die geld willen verdienen en visionairs die doorhebben welke technologieën de toekomst gaan bepalen. Uiteraard is het onderscheid tussen deze vier types niet altijd even scherp te trekken: legendarische ondernemers als Steve Jobs, Elon Musk, Sergey Brin en Larry Page beschikken tot op zekere hoogte over al deze vier eigenschappen. Maar de indeling zorgt ervoor dat we het gebied vanuit verschillende invalshoeken kunnen bekijken.

Door het boek loopt ook een chronologische lijn, van het verleden via het heden naar de toekomst. In het eerste en tweede hoofdstuk, over nerds en hippies, komt de eigenaardige en woelige geschiedenis van Silicon Valley aan bod. Het derde hoofdstuk, over investeerders, bespreekt de huidige bedrijfscultuur in Silicon Valley. In het laatste hoofdstuk wordt er gekeken naar de verschillende technologieën waarvan in Silicon Valley wordt gedacht dat ze onze toekomst zullen bepalen. Hier komen sciencefictionachtige, verre toekomstvisies aan bod, van een wereld gedomineerd door hyperintelligente robots en mensen die eeuwig voortleven in een virtuele omgeving. Maar er wordt ook gekeken naar ontwikkelingen die in de nabije toekomst kunnen plaatsvinden, zoals gadgets dicht op je lichaam, computers die met je meedenken als een persoonlijk assistent en ontwikkelingen in robottechnologie, drones en zelfrijdende auto's.

Berichtgeving over technologie is sterk gericht op de nieuwste trends; dit boek biedt een breder perspectief. Het laat zien dat Silicon Valley niet uit de lucht is komen vallen, maar dat het gebied een unieke geschiedenis heeft. Dat Silicon Valley door de samenkomst van technisch talent, de tegencultuur, heel veel geld en de ambitie om de wereld te veranderen is uitgegroeid tot dé plek waar de toekomst wordt gemaakt.

Nog een laatste opmerking: door het boek heen vind je in de kantlijn icoontjes met cijfers. Deze verwijzen naar filmpjes, audiofragmenten, websites en infographics, die op een rij zijn gezet op www.lebowskipublishers.nl/silicon-valley onder het kopje 'links'. Je kunt deze site raadplegen om je verder in bepaalde onderwerpen te verdiepen.

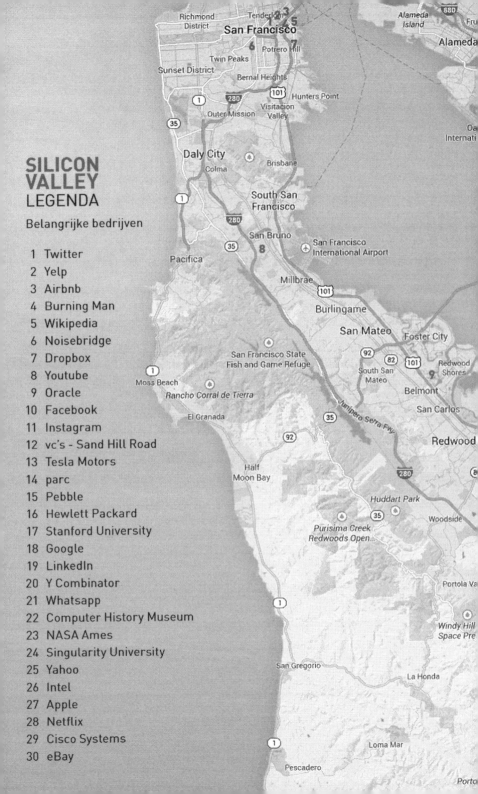

HOOFDSTUK 1: NERDS

Vroeger was 'nerd' een scheldwoord. Nerds, dat waren weinig atletische jongens met een wiskundeknobbel, een liefde voor techniek en beperkte sociale vaardigheden; te herkennen aan hun bleke huid, bril met een dik montuur, hoog opgetrokken sokken en een broek op hoogwater. In de afgelopen jaren is het etiket 'nerd' echter veranderd van een scheldwoord in een geuzennaam. Dat komt mede door het succes van de nerds uit Silicon Valley: hun technische expertise en vindingrijkheid maakten hen – althans, een deel van hen – wereldberoemd, steenrijk en ongekend machtig. Voor een hoog IQ en diepgaande technische kennis hoef je je in Silicon Valley zeker niet te schamen. Sterker nog, om het er te maken, is het van groot belang dat je beschikt over de nodige *nerd-credentials*: je moet kunnen programmeren, goede ideeën hebben en dingen kunnen bouwen. Hoe je eruitziet of hoe je je gedraagt, is minder belangrijk.

Hoe is dat zo gekomen? In dit hoofdstuk kijken we naar de Bay Area als een trekpleister van technisch talent en het belang daarvan voor het ontstaan van Silicon Valley. Stanford University speelt daarin een bijzondere rol. Deze topuniversiteit in de Bay Area zorgt voor een onafgebroken stroom aan getalenteerde programmeurs en techneuten. Bovendien beginnen veel Stanfordstudenten zélf een techbedrijf, dat niet zelden uitgroeit tot een grote speler in die sector. Ook komen in dit hoofdstuk baanbrekende uitvindingen aan de orde zoals de transistor, het geïntegreerde circuit en de microprocessor. Deze vormen namelijk de fysieke basis van de moderne computer en hebben daarmee de fundering van Silicon Valley gelegd.

Twee mannen staan in dit hoofdstuk centraal: Frederick Terman en William Shockley, ook wel bekend als de 'Vaders van Silicon Valley'. Frederick Terman (1900-1982) was hoogleraar elektronica en later decaan en voorzitter van Stanford University. Hij liet de universiteit samenwerken met de overheid en het bedrijfsleven en creëerde daarmee de op technologie en ondernemerschap gerichte cultuur van Silicon Valley. De natuurkundige en Nobelprijswinnaar William Shockley (1910-1989) was mede-uitvinder van de transistor, een basisonderdeel van de computer. Hij vestigde zijn bedrijf Shockley Semiconductor Laboratory in de Bay Area, wat leidde tot een explosie van techbedrijven en het begin van Silicon Valley.

In het hele hoofdstuk passeren buitengewoon geleerde types de revue. Maar hoe belangrijk is het in Silicon Valley eigenlijk om te studeren? Zijn de grote techbedrijven niet opgericht in slaapkamers en garages in plaats van in de collegezalen? En stopten de belangrijkste CEO's uit Silicon Valley niet al op jonge leeftijd met hun studie, om hun tijd aan nuttigere zaken te besteden? Dat klopt, maar dat is slechts één kant van het verhaal.

STANFORD UNIVERSITY

Op de uitgestrekte, aangeharkte campus van Stanford University zie je overal verwijzingen naar Silicon Valley. De gebouwen hebben namen als het Gates Computer Science Building, het David Packard Electrical Engineering Center, het William Hewlett Teaching Center en het Jerry Yang Environment and Energy Building – alle vernoemd naar grootheden uit de techindustrie die verbonden zijn met Stanford als oud-studenten of als gulle gevers. Googlevoorzitter Eric Schmidt en topinvesteerder John Doerr komen regelmatig bij Stanford op bezoek, op zoek naar nieuwe ideeën en de beste studenten. En de man die langs de palmbomen van Palm Drive naar de universiteit fietst, zou zo maar de prof kunnen zijn van de oprichters van Google, Yahoo of Instagram.

Stanford ligt niet toevallig midden in Silicon Valley; de universiteit is met het gebied vergroeid. Het is een zeer exclusieve universiteit. Hoewel je voor één studiejaar ruim 60.000 dollar moet betalen, is de belangstelling enorm – in 2013 werd nog geen 6 procent van alle studenten die zich aanmeldden aangenomen.[14] Een kwart van alle bachelorstudenten en meer dan de helft van de masterstudenten volgt er een technische opleiding. Het meest gekozen vak is informatica.[15] Niet zelden stromen Stanford-studenten direct na hun studie door naar topfuncties binnen bedrijven als Google, Apple of Facebook. Daarnaast beginnen Stanfordstudenten regelmatig zelf techbedrijven. Meer dan eens groeiden deze uit tot grote spelers in Silicon Valley, zoals Hewlett-Packard, Sun Microsystems, Yahoo, Google en Instagram.

In de regio zijn meer universiteiten gevestigd. Op nog geen uur rijden van Stanford ligt de grote rivaal, de openbare universiteit UC Berkeley. Op de Academic Ranking of World Universities, een ranglijst van de beste universiteiten wereldwijd, bezetten Stanford en Berkeley al jaren de tweede en derde plek (Harvard University staat bovenaan). De Bay Area biedt dus onderdak aan twee van de drie beste universiteiten *ter wereld*.[16] In San Francisco en San Jose vind je verder de goed aangeschreven universiteiten UCSF en San Jose State University. En dan bevinden zich in Silicon Valley nog gerenommeerde technische onderzoeksinstituten zoals NASA Ames in Mountain View, het Palo Alto Research Center (PARC) in Palo Alto en het onafhankelijk van Stanford University opererende Stanford Research Institute (SRI) in Menlo Park.

Maar als het gaat om Silicon Valley speelt Stanford de belangrijkste rol. De ontstaansgeschiedenis van de universiteit hangt nauw samen met het ontstaan van Silcon Valley; reden om iets langer bij de geschiedenis van deze universiteit stil te staan.

LELAND STANFORD EN DE OPBOUW VAN HET WESTEN

In 1891, het jaar dat Stanford University zijn deuren opende, wees niets erop dat de universiteit zou uitgroeien tot het prestigieuze instituut van nu. De Westkust van Amerika was in die tijd nog maar weinig ontwikkeld. Palo Alto, het stadje waarnaast Stanford is gelegen, was een onbeduidende gehucht. Er waren weinig publieke voorzieningen en de bevolking bestond grotendeels uit arme, laagopgeleide migranten die tijdens de goudkoorts (1848-1855) naar Noord-Californië waren getrokken.[17] De hoeveelheid goud bleek teleurstellend en de meeste gelukszoekers bleven berooid achter.

Ook Leland Stanford (1824-1893) was ten tijde van de goudkoorts van New York naar Californië vertrokken. Maar hij pakte het slimmer aan: hij ging niet op zoek naar goud, maar zette een handel op in uitrustingen voor goudzoekers. Hij werd er steenrijk mee, net als bijvoorbeeld de spijkerbroekenfabrikant Levi Strauss. Stanford groeide uit tot een van de belangrijkste zakenmannen van Californië; zo was hij voorzitter van de spoorwegbedrijven die het gebied verbonden met de rest van het land. Daarnaast was hij actief als politicus: in 1862 werd hij verkozen tot gouverneur van Californië en vanaf 1885 was hij senator. Stanford zag het als zijn persoonlijke missie om het westen van Amerika te ontwikkelen en de achterstand te verminderen ten opzichte van de Oostkust, destijds het centrum van zowel de politieke als de economische macht.[18]

Stanford, zijn vrouw Jane en hun vrienden vormden de jetset van Californië; hun reizen, feesten en de jurken en juwelen van Jane waren geliefde onderwerpen van de lokale pers. Maar geld bracht hen niet alles. Het echtpaar bleef lange tijd ongewenst kinderloos; op latere leeftijd kregen zij één zoon, Leland Stanford Junior. Maar tijdens een rondreis door Europa sloeg het noodlot toe: de jongen stierf kort voor zijn zestiende verjaardag aan de tyfus. Leland en Jane Stanford bleven in diepe rouw achter, en besloten ter nagedachtenis aan hun zoon iets groots en blijvends te schenken aan hun geliefde Californië. Het werd een universiteit: de Leland Stanford Junior University, zoals de officiële naam van Stanford University luidt.

Stanford University, Californië © Linda A. Cicero, Stanford News Service

Leland en Jane staken vrijwel hun hele fortuin in de universiteit; Jane stond zelfs haar juwelen af als onderpand voor de aanschaf van bibliotheekboeken.[19] Het echtpaar wilde dat de universiteit een 'Harvard van het Westen' zou worden, een plek die kon concurreren met de elite-universiteiten aan de Oostkust. De universiteit diende in hun ogen tevens een praktisch doel: het moest de studenten voorbereiden op de opbouw van de nog weinig ontwikkelde Westkust. De nadruk van het curriculum lag op vakken als landbouw, handel en techniek. 'Het leven is praktisch,' zei Leland in een speech voor de eerste lichting studenten. 'Jullie zijn hier om je voor te bereiden op een nuttige carrière.'[20]

Stanford vroeg zowel de president van het Massachusetts Institute of Technology (MIT) als die van de Cornell University om de eerste voorzitter van Stanford University te worden, maar zij hadden geen zin om hun comfortabele leventje aan de Oostkust in te ruilen voor het in hun ogen primitieve Californië.[21] Stanford moest uiteindelijk genoegen nemen met de relatief jonge David Starr Jordan, oud-voorzitter van Indiana University. Tot in de jaren dertig had Stanford University de reputatie van een *party school*, waar studenten 'door hun studie rolden met minimale inspanning en maximaal plezier'.[22] Toch bouwde de universiteit in de loop der tijd enige reputatie op. Zo zou Herbert Hoover, een jongen uit de eerste lichting Stanfordstudenten, het later schoppen tot president van de Verenigde Staten.

Technologie speelde van meet af aan een belangrijke rol op de universiteit. Zo richtte Stanfordstudent Cyril Elwell in 1909 de Federal Telegraph Corporation (FTC) op in Palo Alto. FTC groeide al snel uit tot een van de grootste radiobedrijven van de VS. In 1919 maakte het de eerste intercontinentale radioverbinding mogelijk: tussen Annapolis, Maryland en Bordeaux in Frankrijk. Sommige historici beschouwen FTC als de eerste voorbode van Silicon Valley.[23] Want hoewel het bedrijf in 1931 alweer werd opgeheven, zorgde het voor veel enthousiasme voor technologie in de regio. Kinderen uit Palo Alto mochten in het lab van FTC aan radio's knutselen en er ontstond een grote gemeenschap van lokale amateurradiobouwers. Onder hen bevonden zich de jonge Frederick Terman en William Shockley, de twee 'Vaders van Silicon Valley'.

DE 'VADER VAN SILICON VALLEY' #1: FREDERICK TERMAN

De eerste 'Vader van Silicon Valley', Frederick Terman (1900-1982), bracht vrijwel zijn hele leven door op Stanford University. Zijn vader Lewis Terman was er hoogleraar psychologie en bedenker van de IQ-test. Terman groeide op in Palo Alto en studeerde elektrotechniek aan Stanford University. Voor zijn promotieonderzoek vertrok hij naar de universiteit MIT in Boston, daarna keerde hij terug naar Stanford als universitair docent. Later werd hij hoogleraar, decaan en voorzitter van de universiteit.

Terman, ouderwets gekleed en te herkennen aan zijn strenge, hoornen bril, schreef een van de belangrijkste naslagwerken over radiotechnologie en had zes patenten op zijn naam staan. Maar zijn reputatie als 'Vader van Silicon Valley' dankt hij niet zozeer aan zijn wetenschappelijke bijdragen, als wel aan zijn bestuurswerk als decaan en voorzitter van Stanford. Net als Leland Stanford wilde Terman de competitie aangaan met de Oostkust. Stanford University moest de gevestigde universiteiten aan de Oostkust evenaren, of liever nog overtreffen. En net als Leland Stanford zag hij de universiteit als een aanjager om de regio verder te ontwikkelen. Tot zijn grote frustratie trok de universiteit weliswaar goede studenten aan, maar die vertrokken na hun afstuderen naar de Oostkust om te werken voor bedrijven als IBM en General Electric. Terman probeerde die braindrain tegen te gaan: de Westkust moest voor studenten aantrekkelijk genoeg worden om er ook na hun studie te blijven wonen.

Als eerste stap in die richting besloot Terman om de allerbeste wetenschappers aan te trekken. *'You don't get a seven-foot jumper by hiring two three-and-a-half foot jumpers,'* is een bekende uitspraak van hem: hij richtte liever al zijn energie op het binnenslepen van één absolute topwetenschapper, dan op het aantrekken van meerdere gemiddeld bekwame wetenschappers.[24] Met excellente hoogleraren krijg je excellente studenten, luidde zijn redenering. En excellente studenten trekken weer excellente hoogleraren aan: een sneeuwbaleffect.

Vervolgens haalde Terman de banden aan met het lokale bedrijfsleven. Hoogleraren werden door Terman aangemoedigd om betaalde adviesfuncties in het bedrijfsleven te nemen, iets wat in die tijd ongebruikelijk was. Bedrijven konden op die manier profiteren van wetenschappelijke inzichten en omgekeerd bleven wetenschappers op de hoogte van de laatste ontwikkelingen in de privésector. Na verloop van tijd zou dat leiden tot extra inkomsten voor de universiteit in de vorm van door bedrijven gefinancierd onderzoek. Ook regelde Terman stages en banen voor zijn studenten bij bevriende bedrijven in de buurt, die op hun beurt weer interessante contacten vormden voor de universiteit.

Na de Tweede Wereldoorlog werd Terman benoemd tot decaan van de technische faculteit van Stanford. Nu kon hij een nog ambitieuzer plan verwezenlijken: hij besloot bedrijven letterlijk naar de universiteit te halen. Van oprichter Leland Stanford had de universiteit een enorme lap grond geërfd van ruim 32 vierkante kilometer. Slechts een klein deel daarvan wordt door de campus in beslag genomen – de rest bestaat, tot op heden, uit een natuurgebied van glooiende heuvels, struikgewas en sequoiabomen. Terman wist het bestuur van de universiteit zo ver te krijgen om 280 hectare van de Stanfordcampus tegen gunstige tarieven te verpachten aan techbedrijven, onder de noemer 'Stanford Industrial Park'. Deze bedrijven konden zo eenvoudig, al dan niet tegen betaling, een beroep doen op wetenschappers van Stanford. Voor de werknemers van deze bedrijven werd op Stanford een speciaal programma gecreëerd waarmee ze naast hun werk in deeltijd verder konden studeren.

Frederick Terman achter zijn bureau op Stanford in 1938
© *Stanford University*

In 1953 vestigde Varian zich als eerste bedrijf op het Stanford Industrial Park; een bedrijf dat was opgericht door oud-Stanfordstudenten. Al gauw volgde het eveneens door Stanfordstudenten opgerichte Hewlett-Packard. Ook techbedrijven van elders uit de VS openden een vestiging op de Stanfordcampus, zoals General Electric, Eastman Kodak en Lockheed. Op het terrein, dat nu 'Stanford Research Park' heet, huizen tegenwoordig meer dan 150 techbedrijven, waaronder VM-Ware, SAP, Skype, Nokia, Mercedes-Benz, Tesla en tot 2011 het hoofdkantoor van Facebook. Niet toevallig werken bij al deze bedrijven veel Stanford-alumni.[25]

Misschien nog wel belangrijker voor de universiteit en de regio was Termans strategie om studenten aan te moedigen om zélf bedrijven op te richten. Hij stimuleerde zijn studenten om na te denken over praktische toepassingen van hun kennis en om uitvindingen na hun afstuderen commercieel te exploiteren. In sommige gevallen regelde Terman een onderkomen voor de bedrijfjes van zijn studenten of investeerde hij persoonlijk om hun projecten door de startfase heen te helpen. Startende bedrijven van nu zijn de werkgevers van de toekomst, dacht Terman. En daar kreeg hij gelijk in.

HEWLETT-PACKARD EN DE MYTHE VAN DE GARAGE

Termans beroemdste studenten zijn zonder twijfel William ('Bill') Hewlett en David Packard, oprichters van Hewlett-Packard (HP). De ontstaansgeschiedenis van HP laat zien hoe subtiel Terman te werk ging als drijvende kracht achter de schermen. Het verhaal van HP geldt bovendien als een klassieker in Silicon Valley: van een bedrijfje in de garage groeide het uit tot een miljardenbedrijf.

Bill Hewlett (1913-2001) en David Packard (1912-1996) leerden elkaar kennen in 1930 als eerstejaarsstudenten aan Stanford University. Ze speelden in het American football-team van de universiteit. Als grote, atletische jongen gold Packard als de ster van het team; de kleine Hewlett was een matige sporter. Toch raakten de twee innig bevriend, een vriendschap die hun leven lang zou duren.

Een vak van Frederick Terman zou hun leven voorgoed veranderen. Terman had de gewoonte om zijn studenten mee op excursies te nemen naar de laboratoria van bevriende techondernemers in de regio, zoals het lab van Charles Litton, uitvinder van de vacuümbuis, en Philo Farnsworths lab waar in 1927 's werelds eerste televisiebeelden werden uitgezonden. Hewlett en Packard waren diep onder de indruk, waarna Terman de studenten op het hart drukte dat niets hen in de weg stond om zélf ook een bedrijf te beginnen.[26] De kiem voor HP was gelegd.

Maar eerst zouden de twee nog wat omzwervingen maken. Hewlett en Packard studeerden af in 1934, midden in de Grote Depressie. Toen Packard een baan kreeg aangeboden bij General Electric (GE) aan de Oostkust, nam hij deze aan – het was al een hele eer als je als afgestudeerde überhaupt ergens aan de slag kon. Zijn baan liep echter uit op een mislukking. Zijn baas, met de ongelukkige naam Mr. Boring, gaf Packard allerlei saaie klusjes. Beginners begonnen bij GE onderaan; zo moesten alle werknemers in hun eerste jaar apparaten controleren op fouten. Packard kreeg de koelkasten toegewezen. Hij zou dit werk later eufemistisch omschrijven als 'niet bijster interessant'.[27]

Hewlett studeerde in de tussentijd verder, in de hoop zijn kansen op een baan te vergroten. Maar toen hij na het behalen van twee mastertitels een stapel sollicitatiebrieven verstuurde, kreeg hij slechts één toezegging voor een functie, die ook nog eens ver onder zijn niveau lag.

Hier kwam Terman weer in beeld. Toen hij vernam dat zijn twee oudstudenten ongelukkig waren met hun werk, regelde hij voor zowel Hewlett als Packard een baan in de Bay Area. Het ging om tijdelijk, niet al te intensief werk, met voldoende tijd voor nevenprojecten – zoals het opzetten van een bedrijf, want dat was wat Terman eigenlijk voor ogen had. Terman had zelfs al bedacht met welk product zijn oud-studenten konden beginnen: een oscillator, een apparaat om trillingen mee op te wekken. Hewlett had onder Termans hoede aan een oscillator gewerkt als afstudeerproject en Terman zag voldoende potentie voor een commercieel product, bijvoorbeeld voor de filmindustrie.

Alles verliep precies zoals Terman het zich had voorgesteld. In januari 1939 begonnen Hewlett en Packard hun bedrijf Hewlett-Packard – de volgorde van hun namen werd bepaald door een muntje op te gooien. Hun startkapitaal was 538 dollar, hun werkplek de piepkleine garage naast Packards woning in Palo Alto. Ze hingen er wat planken op en plaatsten er werkbanken om de oscillators te bouwen. Al snel vonden ze hun eerste klant, en niet de minste: Walt Disney Studios. Disney zou de HP-oscillators gebruiken voor *Fantasia* (1940), een van de eerste films met geluid in stereo.

HP groeide in de decennia daarna uit tot het eerste breed georiënteerde technologiebedrijf in Silicon Valley: in 1966 introduceerde HP een van de eerste bedrijfscomputers, in 1972 volgde de zakrekenmachine, in 1980 de pc en in 1984 de laserprinter. De garage werd al gauw te krap, het bedrijf verhuisde naar een groter pand. In 1960 vestigde het bedrijf zich op het Stanford Industrial Park, uiteraard na bemiddeling van Terman. Die bleef zijn leven lang als mentor bij zijn oud-studenten betrokken en trad in 1957, na de beursgang van HP, toe tot de raad van bestuur. Het hoofdkantoor van HP is nog altijd gevestigd op de Stanfordcampus.

De garage in Palo Alto waar HP ooit begon © CaLRoSL

De HP-garage in Palo Alto is tegenwoordig een bezienswaardigheid, een symbool van de *do it yourself*-mentaliteit in Silicon Valley. Dagelijks bezoeken tientallen toeristen de garage, die ook wel de 'Geboorteplaats van Silicon Valley' wordt genoemd. Sommigen noemen het verhaal van de garage een mythe: het zou ten onrechte suggereren dat de twee hun bedrijf zonder enige hulp van buitenaf waren begonnen. Eric Isaacs, directeur van het onderzoekslab Argonne National Laboratory van de universiteit van Chicago, wijst erop dat het leeuwendeel van het onderzoek voor de oscillator had plaatsgevonden aan Stanford. De HP-oprichters waren bovendien afhankelijk van het gereedschap dat zij leenden uit het lab van Charles Litton. 'HP had niet bestaan als de oprichters geen toegang hadden gehad tot de uitstekende onderzoeksfaciliteiten uit de omgeving,' aldus Isaacs.[28]

Maar die kanttekening doet allerminst afbreuk aan de magie van de garage. Andere grote techbedrijven in Silicon Valley zoals Apple, Google en Flipboard begonnen in een garage en zetten daarmee de mythe voort.[29] Zelfs Amazon, dat niet in Silicon Valley maar in Seattle is gevestigd, werd door oprichter Jeff Bezos bewust opgericht in een huis met een garage 'zodat hij kon pochen dat hij een garage-startup had net zoals de legendarische ondernemers in Silicon Valley'.[30] Bezos gebruikte die garage uiteindelijk als recreatieruimte, maar dat maakte hem niet uit – zolang er maar een garage bij zat, was het goed.

In de technische faculteit van Stanford staat tegenwoordig ter inspiratie een levensechte replica van de HP-garage. Binnenin hangt een bordje met de vraag: 'Wat zou jij willen doen?'

'THE HP WAY'
HP was niet alleen het eerste grote techbedrijf in Silicon Valley; het is ook bekend vanwege zijn vernieuwende managementcultuur. Hewlett en Packard hadden al gauw door dat het bij een innovatief bedrijf draait om ideeën. Dat liet zich in hun ogen niet goed combineren met de formele en hiërarchische bedrijfscultuur uit die tijd. Packard had slechte ervaringen opgedaan bij General Electric: hij moest het eerste jaar verplicht suffe taakjes verrichten – zoals koelkasten controleren – voordat hij verder kon groeien binnen de organisatie. Als beginnende ingenieur had hij nauwelijks eigen inbreng. Met HP wilden Packard en Hewlett het anders aanpakken. Hun methode, de 'HP Way', wordt gezien als wegbereider voor de niet-hiërarchische, competitieve en open bedrijfscultuur die tegenwoordig gangbaar is in Silicon Valley.[31]

Het doel van Hewlett en Packard was om de gezamenlijke brainpower van hun werknemers zo goed mogelijk te benutten. Dat deden ze door de meest getalenteerde werknemers aan te nemen en hen vervolgens de vrijheid te geven om hun eigen ideeën te ontplooien. Ook hadden ze oog voor het welzijn en de persoonlijke ontwikkeling van hun werknemers. Immers, als werknemers essentieel zijn voor je concurrentiepositie, kan je maar beter goed voor die werknemers zorgen zodat zij niet overstappen naar een ander bedrijf.

Hun methodes klinken in onze oren weinig opzienbarend, maar waren in hun tijd revolutionair. Zo hadden Hewlett en Packard de gewoonte om over de werkvloer te lopen en met iedereen een praatje te maken. *Management by walking around* noemden zij dat. Een ander gebruik bij HP was de *open door policy*. De deur van leidinggevenden stond open, zodat werknemers altijd konden binnen lopen. Hiërarchie werd zo veel mogelijk vermeden: iedereen noemde elkaar bij de voornaam en leidinggevenden kregen geen speciale privileges.

Het uitwisselen van ideeën was een belangrijk onderdeel van werken bij HP. Zo werden er gezamenlijke koffiepauzes en vrijdagmiddagborrels ingevoerd om werknemers op een informele manier met elkaar in contact te brengen. Van jong tot oud, van beginnend werknemer tot ervaren kracht: iedereen werd serieus genomen. Kritiek werd niet gezien als iets negatiefs maar als brandstof voor verbeteringen – alles was er immers op gericht zo snel mogelijk de beste producten te maken.

Kenmerkend voor de open sfeer bij HP is het verhaal van Steve Jobs, die op twaalfjarige leeftijd Hewletts telefoonnummer in het telefoonboek opzocht en hem opbelde omdat hij een paar onderdelen nodig had voor een apparaat waaraan hij werkte.[32] Hewlett vond de jongen zo innemend dat hij de toekomstige Apple-oprichter niet alleen de onderdelen schonk, maar hem ook een zomerstage aanbood bij HP. Dit soort anekdotes over de open bedrijfscultuur in Silicon Valley hoor je ook nu nog. Zo zei een Facebook-stagiair tijdens een bedrijfsbarbecue eens tegen CEO Mark Zuckerberg dat deze moest leren om beter te spreken in het openbaar. Zuckerberg was niet beledigd; hij bedankte de stagiair en bood hem in het bijzijn van iedereen een baan aan.[33]

Een ander opvallend en invloedrijk aspect aan de bedrijfsvoering van HP was dat alle werknemers, van secretaresse tot directeur, aanspraak konden maken op aandelen van het bedrijf. Werknemers aandelen bieden is tegenwoordig gebruikelijk in Silicon Valley, maar was in die tijd ongekend. HP-werknemers kregen bovendien allerlei extraatjes, zoals koffie en snacks en de mogelijkheid om extra opleidingen te volgen. Het gebruik van HP om goed voor werknemers te zorgen heeft veel navolging gekregen in Silicon Valley; soms tot het belachelijke af, zo blijkt in het derde hoofdstuk.

→ BOEK: Meer informatie over de 'HP Way' is te vinden in *The HP Way. How Bill Hewlett and I Built Our Company* (1995), geschreven door David Packard zelf.

TERMAN, DE KOUDE OORLOG EN DE OVERHEID

05 We keren nog een keer terug naar Frederick Terman. Want naast intensieve samenwerking tussen de universiteit en het bedrijfsleven in de Bay Area, zorgde hij ook voor nauwe banden tussen de universiteit en de overheid, in het bijzonder het Amerikaans ministerie van Defensie. Steve Blank, verbonden aan de *business schools* van zowel Stanford als Berkeley en een bekende spreker in Silicon Valley, onderzocht deze samenwerking tussen universiteit en overheid in zijn project *The Secret History of Silicon Valley*.[34]

Hoewel 'geheim' een beetje overdreven is – er zijn verschillende studies over dit onderwerp verschenen[35] – klopt het dat veel Amerikanen liever niet horen dat het succes van Silicon Valley tot op zekere hoogte is toe te schrijven aan subsidies. In de VS, het libertaire Silicon Valley voorop, geloven ze in het ideaal van de *self made man*. De ondernemer wordt gezien als de creatieve, hardwerkende, scheppende held; de overheid geldt als een log, bureaucratisch apparaat dat innovatie tegenwerkt met regeltjes en belastingen. Dat beeld moet worden bijgesteld, zegt Blank. Tijdens de Koude Oorlog speelde overheidssteun juist een cruciale rol in het bevorderen van technologische innovatie, waarvan Silicon Valley de vruchten heeft geplukt.[36]

Blank begint zijn verhaal in de Tweede Wereldoorlog. De Duitsers beschikten over een radarsysteem om bommenwerpers van vijandige troepen te detecteren om die vervolgens uit de lucht te schieten. De Geallieerden verloren daardoor bij elke aanval tot 20 procent van hun toestellen, inclusief de bemanning. Het Amerikaanse ministerie van Defensie en de geheime diensten zochten naarstig naar manieren om dit Duitse radarsysteem te omzeilen. Ze stelden daarom grote sommen geld ter beschikking aan universiteiten voor defensiegerelateerd onderzoek. Innovatie was een zaak van leven en dood.

MIT kreeg van het ministerie van Defensie 117 miljoen dollar, Caltech 83 miljoen en Harvard en Columbia circa 30 miljoen. Stanford werd – tot grote frustratie van Terman – afgeserveerd met een schamele 50.000 dollar. Terman, die als vooraanstaand wetenschapper in zijn vakgebied betrokken wilde zijn bij dit groots opgezette onderzoek naar radartechnologie, vertrok daarom naar de Oostkust. Van 1941 tot 1944 runde hij aan Harvard University in Boston het geheime 'Electronic Warfare Lab', een laboratorium dat verantwoordelijk was voor alle elektronica in de gevechtstoestellen die de VS tijdens de Tweede Wereldoorlog gebruikten. Het was een prestigieuze positie, waarin hij leiding gaf aan achthonderd man.

Na de oorlog keerde Terman terug naar Stanford, waar hij benoemd werd tot decaan. Hij was nu vastberadener dan ooit: Stanford mocht nooit meer worden gepasseerd door Defensie. Hij haalde elf van zijn meest getalenteerde oud-medewerkers van Harvard naar Stanford voor het nieuw op te richten 'Electronics Research Laboratory' (ERL). Dit keer lukte het hem wél om onderzoeksgeld van Defensie richting Stanford te krijgen, mede door het prestige dat hij in zijn tijd bij Harvard had opgebouwd. Hij bleek een getalenteerd fondsenwerver: in 1947 werd de helft van al het onderzoek aan de technische faculteit van Stanford gefinancierd door Defensie.

Want ook na de Tweede Wereldoorlog trok Defensie de portemonnee voor technologische innovatie. De Sovjet-Unie en de VS streden tijdens de Tweede Wereldoorlog nog samen tegen de Duitsers, maar in de decennia daarna kwamen zij recht tegenover elkaar te staan. Hoewel het nooit tot een directe confrontatie zou komen, stonden de twee machtsblokken al die tijd tot op de tanden gewapend klaar om een eventuele aanval te kunnen beantwoorden. De Koude Oorlog mondde uit in één grote technologische krachtmeting: aan beide zijden werd enorm veel geïnvesteerd in technologie om de andere partij de baas te kunnen zijn. Nadat de Sovjet-Unie in 1957 's werelds eerste satelliet de Spoetnik lanceerde, besloot Amerika de Sovjet-Unie de loef af te steken: het zou, als eerste in de geschiedenis, een mens op de maan zetten.

De *space race* gaf een belangrijke impuls aan technologische innovatie: onder grote tijdsdruk werden geavanceerde nieuwe technologieën ontwikkeld. De onderzoeksbudgetten die de VS hiervoor vrijmaakte, kwamen grotendeels terecht in de Bay Area. Zo kwam er een nieuw onderzoekscentrum van de ruimteorganisatie NASA in Mountain View en kreeg Stanford, naast MIT, een groot deel van de budgetten voor defensiegerelateerd onderzoek toebedeeld. Terman opende een nieuw lab, het 'Applied Electronics Laboratory' (AEL), waar uitsluitend toegepast onderzoek werd gedaan voor met name defensie. Onderzoek van het AEL was grotendeels geheim, proefschriften werden om veiligheidsredenen niet openbaar gemaakt. 'De technische faculteit van Stanford was gedurende de Koude Oorlog in feite een geavanceerde R&D-afdeling van NSA en CIA,' aldus Blank.[37]

Ook de techbedrijven in de Bay Area profiteerden van de defensiebudgetten in de Koude Oorlog. Zo werkten Hewlett-Packard, Varian en General Electric op het Stanford Industrial Park aan onderdelen voor radar- en raketverdedigingssystemen en opende het luchtvaartbedrijf Lockheed in 1957 een grote onderzoeksafdeling voor wapens en raketten in Sunnyvale. In 1965 werkten alleen al bij de raketafdeling van Lockheed 28.000 mensen. De relatie tussen Silicon Valley en Defensie was zo goed dat David Packard tussen 1969 en 1971 zelfs tijdelijk zijn taken als CEO bij HP neerlegde om onder president Nixon te dienen als viceminister van Defensie.

Na de Koude Oorlog stapten de techbedrijven in de Bay Area van ruimtevaart- en rakettechnologie over naar technologie voor particulieren, zoals de ontwikkeling van pc's, internetdiensten en sociale media. Toch speelt de overheid nog altijd een belangrijke rol in het bevorderen van innovatie, betoogt onder anderen Mariana Mazzucato, hoogleraar economie aan de University of Sussex, in haar veelbesproken boek *The Entrepeneurial State*.[38] Het gaat voornamelijk om fundamenteel onderzoek, waarvan pas later eventuele commerciële toepassingen kunnen ontstaan. Alles wat de iPhone slim maakt – de gps-functie, het touchscreen, de spraakherkenningstechnologie van Siri en internet – is te herleiden tot onderzoek dat in gang is gezet door de overheid, aldus Mazzucato.

Tot op heden ontvangen de universiteiten en onderzoeksinstellingen in de Bay Area omvangrijke subsidies van de overheid. Zo kreeg Stanford University in 2012 72 miljoen dollar voor defensiegerelateerd onderzoek, onder meer voor de ontwikkeling van kleine onbemande vliegtuigjes (drones).[39] Van het totale onderzoeksbudget van Stanford wordt driekwart bekostigd door de overheid.[40]

DE 'VADER VAN SILICON VALLEY' #2: WILLIAM SHOCKLEY

William Shockley in 1948 © Alcatel-Lucent USA Inc

Terwijl Frederick Terman doelbewust een netwerk creëerde van wetenschappers, ondernemers en de overheid, werd de natuurkundige William Shockley min of meer toevallig de 'Vader van Silicon Valley'. Het zou

Shockley minder goed vergaan dan Terman: van alom geprezen genie en Nobelprijswinnaar zakte hij af hij tot mislukte zakenman en verguisde, 'foute' wetenschapper. Maar dat doet niet af aan zijn belangrijke rol in het ontstaan van Silicon Valley.

Shockley is vooral bekend als mede-uitvinder van de transistor. Hij presenteerde zijn uitvinding in 1951 met zijn collega's John Bardeen en Walter Brattain in de Bell Telephone Laboratories (Bell Labs) in New Jersey, de onderzoekslaboratoria van het toen nog nationale telefoonbedrijf van de vs. De transistor is een elektrische schakelaar die elektriciteit kan doorlaten of tegenhouden (aan of uit; één of nul in computertermen). Vroeger waren schakelaars mechanisch: voor elke berekening die je een computer wilde laten maken, moest je handmatig knoppen omzetten. In de eerste helft van de twintigste eeuw werden elektronische vacuümbuizen gebruikt voor schakelingen. Shockley en zijn collega's slaagden erin om een schakelaar te integreren in een halfgeleider. Hun transistor was daardoor véél kleiner, sneller en betrouwbaarder dan de vacuümbuizen. In 1956 kregen de drie de Nobelprijs voor de Natuurkunde voor deze uitvinding.

De transistor was een belangrijke technologische doorbraak; volgens sommigen is het zelfs de belangrijkste uitvinding van de twintigste eeuw. Vóór de komst van de transistor waren computers reusachtige apparaten. De ENIAC-computer, gebouwd in 1946 door wetenschappers van de University of Pennsylvania, had 18.000 vacuümbuizen, woog dertig ton en besloeg een ruimte van zo'n 140 vierkante meter – ongeveer de oppervlakte van een eengezinswoning.[41] De computer gebruikte zóveel elektriciteit dat er wel werd gezegd dat als de ENIAC opstartte, de lichten in heel Philadelphia dimden. Bovendien had de ENIAC veel onderhoud nodig: de vacuümbuizen gingen snel stuk en moesten handmatig worden vervangen.

De halfgeleidertransistor opende een scala aan nieuwe mogelijkheden. Eén van de eerste toepassingen waren het elektrische gehoorapparaat en de draagbare transistorradio. Een nog spectaculairder gevolg van de transistor was de opkomst van de ruimtevaart. In 1957, slechts zes jaar na de presentatie van Shockley's transistor, lanceerde de Sovjet-Unie de eerste satelliet, de Spoetnik. Twaalf jaar later zette de Amerikaan Neil Armstrong als eerste mens een stap op de maan, iets wat zonder de halfgeleidertransistor onmogelijk was geweest. In de loop der jaren werden transistors steeds geavanceerder en goedkoper. In bijna alle elektrische apparaten zitten tegenwoordig transistors: van complexe computers en ruimteschepen tot koffiezetapparaten en wekkers.[42]

> **BEZOEKTIP: COMPUTER HISTORY MUSEUM**
> Silicon Valley kijkt het liefst vooruit, maar het Computer History Museum blikt uitvoerig terug op de geschiedenis van deze regio. De meer dan 11.000 spullen in het museum wekken herkenning en verwondering: telramen, mechanische rekenmachines, een deel van de reusachtige op vacuümbuizen werkende ENIAC-computer uit de Tweede Wereldoorlog, de vroege personal computer Xerox Alto uit 1973, de eerste laptop (meer dan tien kilo, je mag 'm optillen), een originele Apple I en Apple II, 's werelds eerste commerciële videospel Pong en de Gameboy van Nintendo. Kijk voor meer info ook eens op www.computerhistory.org

SHOCKLEY SEMICONDUCTOR LABORATORY

Bij Bell Labs en in de media presenteerde Shockley zich als 'de uitvinder van de transistor'. Dat leidde tot grote irritatie bij zijn collega's, aangezien ook John Bardeen en Walter Brattain bij de uitvinding waren betrokken. Sterker nog: Bardeen en Brattain hadden de eerste variant van de halfgeleidertransistor al in 1947 uitgevonden, zonder hulp van Shockley, hun baas. Groen van jaloezie was Shockley in het geheim begonnen aan een eigen, betere transistor, die hij in 1949 patenteerde en twee jaar later presenteerde tijdens een persconferentie. In 1956 kregen de drie gezamenlijk de Nobelprijs voor hun uitvindingen. Onderlinge spanningen hadden de drie tegen die tijd al lang uit elkaar gedreven: Bardeen vertrok in 1951 bij Bell Labs en Brattain werd op eigen verzoek overgeplaatst naar een andere afdeling.[43]

Door de vele conflicten met Bardeen, Brattain en andere collega's werd Shockley door het management van Bell Labs op een zijspoor gezet. In 1953 verliet hij het bedrijf. Hij gaf les aan verschillende universiteiten en verzorgde zijn vrouw, die baarmoederkanker had. Shockley raakte in een midlifecrisis en besloot zijn hele leven om te gooien: hij verliet zijn vrouw (die overigens van haar ziekte genas), hertrouwde met een verpleegster en besloot een bedrijf op te richten om 'zijn' transistor commercieel te exploiteren. De Bell Labs zagen in de transistor vooral een vervanger van de vacuümbuizen in het telefoonnetwerk, terwijl Shockley, terecht, een veel grotere toekomst voor de transistor voorzag: transistors zouden alle elektrische apparaten gaan aansturen en een revolutie ontketenen in de elektronica-industrie.

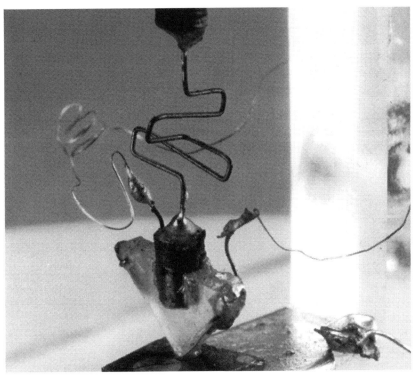

De eerste transistor uit 1947 © Alcatel-Lucent USA Inc

In 1955 richtte hij het Shockley Semiconductor Lab op in Palo Alto, waar hij was opgegroeid. Over de keuze voor deze vestigingsplaats is veel geschreven. Palo Alto was namelijk helemaal geen voor de hand liggende keuze: de elektronica-industrie was in die tijd nog grotendeels gevestigd aan de

Oostkust, terwijl Shockley's geldschieter, Arnold Beckman, liever zag dat Shockley zijn bedrijf zou vestigen nabij zijn eigen onderneming in Los Angeles. Shockley wilde echter per se naar Palo Alto – waarschijnlijk omdat daar nog altijd zijn moeder woonde, op wie hij bijzonder gesteld was.[44] Shockley's keuze voor Palo Alto heeft er volgens historici in hoge mate aan bijgedragen dat Silicon Valley aan de baai van San Francisco is gevestigd en niet aan de Oostkust of bij L.A.[45]

Shockley stak veel tijd in het samenstellen van zijn team. Hij ging alle universiteiten en onderzoekslaboratoria in de vs af, op zoek naar getalenteerde wetenschappers die elkaar in kennis en vaardigheden perfect aanvulden. Vrijwel alle werknemers die in Shockley's lab kwamen te werken waren onder de dertig, pas gepromoveerd en extreem ambitieus. Voor de jonge wetenschappers was het een enorme eer om door de beroemde Shockley te worden benaderd – buiten de Bell Labs was er niet veel bekend over zijn reputatie als ruziemaker. Eén van de wetenschappers, Robert Noyce, vergeleek Shockley's telefoontje met 'een oproep van God'.[46]

Ook in de Bay Area zorgde de komst van Shockley voor grote opwinding. De lokale krant *Daily Palo Alto* schreef dat lokale bedrijven 'zouden kunnen profiteren van de nabijheid van Shockley en zijn team'.[47] Een gigantisch understatement, zou later blijken. Uiteraard was Frederick Terman er als de kippen bij om Shockley te wijzen op de studenten en faciliteiten van Stanford University en om hem te helpen met het vinden van een geschikte bedrijfslocatie.[48] De rode loper werd voor hem uitgerold.

THE 'TRAITEROUS EIGHT'

Shockley had alle ingrediënten voor succes: een spectaculaire uitvinding met veelbelovende commerciële toepassingen, een gulle geldschieter, een team van excellente en buitengewoon gemotiveerde werknemers, zelfs een Nobelprijs. Maar al gauw groeide zijn succes hem boven het hoofd. Shockley Semiconductor Laboratory, in alles voorbestemd om de elektronica-industrie te gaan domineren, ging binnen anderhalf jaar ten onder.

Dat kwam in eerste instantie door Shockley's keuze voor het product dat hij wilde ontwikkelen. Bij Bell Labs gebruikte Shockley germanium als halfgeleider voor zijn transistor, maar al gauw raakten hij en zijn team ervan overtuigd dat silicium geschikter was. Maar Shockley veranderde plots – waarom is nooit helemaal opgehelderd – van gedachten: hij zette al zijn zinnen op de ontwikkeling van de zogeheten 'four-layer diode', ook wel de 'Shockley diode' genoemd, waaraan hij al in Bell Labs had gewerkt.

Een kapitale inschattingsfout, zou later blijken. De Shockley diode was op papier een spectaculair ontwerp van een diode die afhankelijk van het voltage over twee verbindingen een heel hoge of een heel lage weerstand heeft.[49] Het was Shockley echter nog niet gelukt deze diode daadwerkelijk te produceren. Als hij hierin zou slagen, zou dit grote indruk maken op zijn collega's in zijn vakgebied. Volgens Shockley's werknemers was de diode in commercieel opzicht echter een dwaalspoor. De diode was moeilijk om te produceren en als product alleen interessant voor zeer gespecialiseerde bedrijven. De ontwikkeling van de siliciumchip was makkelijker en zou een verandering in de gehele elektronicamarkt kunnen beteken.[50]

Shockley hield echter voet bij stuk: hij zette zijn volledige team op het ontwikkelen van de diode. Zij liepen daarbij – zoals verwacht – tegen de nodige productieproblemen op. De diodes moesten flinterdun worden uitgevoerd, waardoor ze vrijwel zonder uitzondering scheurden. Als er eindelijk eens een diode heel bleef, werkte die slecht of helemaal niet. In het eerste jaar boekte het lab nauwelijks vooruitgang. Toch bleef Shockley bij zijn keuze. Van koers veranderen zag hij als een teken van slecht leiderschap.[51]

Ook in sociaal opzicht ging het niet lekker in Shockley's lab. Zo briljant als Shockley was als wetenschapper, zo verschrikkelijk was hij als manager. Shockley had tirannieke trekken: hij wilde voortdurend zijn intellectuele superioriteit bevestigd zien en behandelde iedereen binnen het bedrijf als minderwaardig. Zijn favoriete grapje als iemand hem een vraag stelde was: 'Waar heb jij gestudeerd? Heb je überhaupt wel gestudeerd? Hoe kun je nou zoiets doms vragen?'[52] Eén werknemer vertrok al na een paar weken, nadat Shockley hem had uitgemaakt voor 'pathologische leugenaar'. Een secretaresse die niet exact zijn aanwijzingen had opgevolgd bij het maken van een hotelboeking, werd op staande voet ontslagen.

Shockley's gedrag werd zo extreem dat een van de werknemers het lab vergeleek met een psychiatrische instelling.[53] Zo verwondde de telefoniste zich eens aan een pin die uit een deurpost stak. Shockley was ervan overtuigd dat er opzet in het spel was. Hij eiste dat alle werknemers een verklaring zouden afleggen aan een leugendetector. De eerste werknemer was volgens de test onschuldig. De rest weigerde om de test te ondergaan, zij vonden de aantijgingen absurd. De pin bleek later een punaise waar het plastic kopje van afgevallen was.[54]

Na anderhalf jaar was voor acht werknemers van Shockley de maat vol. Ze hadden grote ambities, maar werden voortdurend tegengewerkt. Pogingen om Shockley aan te spreken op zijn gedrag liepen uit op slaande ruzies. Zonder Shockley's medeweten maakten deze acht medewerkers een afspraak met Arnold Beckman, de geldschieter van Shockley's lab. Hun boodschap was simpel: Shockley moest weg, of zij zouden vertrekken. In dat laatste geval was Shockley in één klap zijn hele onderzoeksteam kwijt.

Beckman was het met de groep eens dat er iets moest gebeuren – een jaar na de oprichting had Shockley's lab immers nog geen enkel resultaat geboekt. Aanvankelijk beloofde Beckman de acht dissidenten dat hij Shockley tot adviseur zou benoemen en voor de dagelijkse gang van zaken een externe manager zou aanstellen. Maar al gauw begon Beckman terug te krabbelen; hij durfde het kennelijk niet aan om een wereldberoemde Nobelprijswinnaar te passeren ten gunste van een groep jonge honden. Na een aantal maanden overleg met Beckman was het voor de acht duidelijk dat er niets zou veranderen als zij hun lot niet in eigen handen zouden nemen. Ze besloten collectief uit Shockley's bedrijf te stappen en een nieuw bedrijf te beginnen, gebaseerd op hun eigen ideeën en principes.

Het moet een pijnlijke beslissing zijn geweest. Shockley was een idool van een hele generatie elektronicafans, Noyce had hem zelfs vergeleken met God. Bovendien was het onzeker of de acht erin zouden slagen om zelf een nieuw bedrijf op te richten. De mannen waren gepromoveerde elektronica-nerds zonder enige managementervaring, ze hadden geen geld en geen voorbeelden – de startupcultuur van Silicon Valley bestond nog niet. Het was in alle opzichten een sprong in het diepe.

De grootste zorg van de mannen was geld. Immers, de eerste maanden zouden zij kwijt zijn aan het ontwikkelen van hun product en het opzetten van hun bedrijf. Ze zouden dan nog geen inkomsten hebben. Omdat de

Westkust nog niet was bezaaid met investeringsmaatschappijen, was de groep aangewezen op de steun van financiële instellingen aan de Oostkust. Na een spannende zoektocht (in hoofdstuk drie wordt deze nader besproken) kregen de mannen geld van de avontuurlijke ondernemer Sherman Fairchild. Hij stelde 1,38 miljoen dollar ter beschikking voor een periode van achttien maanden, in ruil voor een aandeel in het bedrijf en medezeggenschap.[55] De mannen konden aan de slag als een zelfstandige afdeling van Fairchilds moederbedrijf Fairchild Camera and Instrument; hun eigen bedrijf, Fairchild Semiconductor, was geboren. Het enige wat de acht dissidenten nog te doen stond, was Shockley informeren over hun vertrek.

The Traiterous Eight in de lobby van Fairchild Semiconductor Lab in 1960
© *Wayne Miller / Magnum*

Op 18 september 1957 riep Shockley zijn werknemers een voor een binnen. Hij had geruchten gehoord – wellicht via Beckman – dat een deel van zijn team hem wilde verlaten. Gordon Moore kwam als eerste van de groep Shockley's kantoor binnen en vertelde dat hij en zeven andere werknemers inderdaad zouden vertrekken. Naast Moore zouden Julius Blank, Victor Grinich, Jean Hoerni, Eugene Kleiner, Jay Last, Robert Noyce en Sheldon Roberts opstappen, oftewel Shockley's gehele R&D-afdeling. Shockley verliet enkele minuten later totaal overstuur het pand.[56] Hij noemde de dissidenten de 'traiterous eight', de acht verraders – een term die de mannen later als geuzennaam zouden gebruiken. Shockley zou de mannen hun vertrek nooit vergeven.

Tegenover de pers verklaarde Shockley dat het vertrek van de acht 'geen effect [zou hebben] op het Shockley Semiconductor Lab'. Hij vloog naar München om nieuw personeel te werven – de hiërarchische verhoudingen binnen de Duitse wetenschapscultuur pasten beter bij Shockley's autoritaire managementstijl. Het nieuwe lab van Shockley kreeg het in 1960 voor elkaar om de Shockley diode op de markt te brengen, maar het bedrijf werd nooit winstgevend. In 1963 werd het lab opgeheven.

De laatste twintig jaar van zijn leven werkte Shockley als hoogleraar aan Stanford University. Zijn goede reputatie draaide hij definitief de nek om door een uitgesproken voorstander te worden van eugenetica, een omstreden leer die door voortplantingsstrategieën het menselijk ras wil 'verbeteren'. Hij maakte woedende reacties los door te beweren dat zwarten intellectueel inferieur waren aan blanken en te pleiten voor gedwongen sterilisatie van mensen met een laag IQ. Op wetenschappelijk gebied leverde hij in zijn latere leven geen wezenlijke bijdrage meer.[57]

FAIRCHILD SEMICONDUCTOR EN HET GEÏNTEGREERDE CIRCUIT

De breuk met Shockley was pijnlijk, maar voor de Traiterous Eight betekende Fairchild Semiconductor ook het begin van een glansrijke carrière. Eén ding moesten zij Shockley nageven: hij had een ijzersterk team samengesteld. Zonder Shockley's desastreuze leiding bleek het team bijzonder productief. Robert Noyce werd aangesteld als leider van het onderzoeksteam en Gordon Moore werd hoofd productie. Ze gingen onmiddellijk aan de slag met de ontwikkeling van de siliciumtransistor. Dáár, en niet bij de Shockley diode, lag in hun ogen de toekomst.

Ze hadden de tijd mee. In oktober 1957, één maand voor de oprichting van Fairchild, maakte de Sovjet-Unie grote indruk met de lancering van de Spoetnik. Het was het startschot van de *space race*: de VS en de Sovjet-Unie probeerden elkaar af te troeven in hun ruimtevaartprestaties. Voor de ontwikkeling van raketten en spaceshuttles was er grote behoefte aan kleine, betrouwbare en hittebestendige transistors; precies het product waar de mannen aan werkten. In de herfst van 1958, een jaar na de afsplitsing van Shockley, verkocht Fairchild Semiconductor de eerste honderd siliciumtransistors voor 150 dollar per stuk. 'We scooped the industry!' juichte Noyce tegenover zijn team.[58] Drie maanden later rapporteerde Fairchild Semiconductor een omzet van ruim een half miljoen dollar en maakte het bedrijf winst.

In januari 1959 deed Noyce een uitvinding die hem wereldberoemd zou maken: het geïntegreerde circuit, met meerdere transistors in één chip. Het piepkleine apparaatje betekende opnieuw een grote doorbraak.[59] De transistor bestond uit slechts één schakelaar en kon dus maar één ding doen. Voor complexe apparaten, zoals een computer, waren tienduizenden transistors nodig die extern met elkaar werden verbonden. Dat maakte de vroege computers kwetsbaar: als één verbinding niet werkte, functioneerde het hele apparaat niet meer. Het geïntegreerde circuit van Noyce maakte deze verbindingen minder kwetsbaar. Bovendien lagen de transistors dichter bij elkaar, waardoor ze sneller konden schakelen. Elektrische apparaten konden door het geïntegreerde circuit beter, sneller, efficiënter en goedkoper ingewikkelde functies uitvoeren dan voorheen.

Noyce was een archetypische Silicon Valley-man: hij was gek op technologie en deinsde niet terug voor risico's. Als kind haalde hij radio's uit elkaar en als twaalfjarige jongen bouwde hij een zweefvliegtuig waarmee hij van het dak van zijn ouderlijk huis rende om het te testen (met succes). Net als Hewlett-Packard hanteerde hij bij Fairchild Semiconductor een open, niet-hiërarchische managementstijl – in zijn geval ingegeven door zijn afkeer van Shockley's contraproductieve, tirannieke gedrag. In plaats van orders van bovenaf kregen werknemers de vrijheid om aan eigen projecten te werken. Goede nerds komen altijd wel met iets interessants op de proppen, was de overtuiging van Noyce. Deze benadering is nog altijd gangbaar in Silicon Valley.

WAAR KOMT DE NAAM 'SILICON VALLEY' VANDAAN?

De naam 'Silicon Valley' viel voor het eerst in 1971 in een artikel van journalist Don Hoefler in het vakblad *Electronic News*. Het artikel beschreef de explosie van transistorbedrijven in de jaren zestig. Waar de economie van Bay Area in de jaren vijftig nog hoofdzakelijk bestond uit fruitteelt, werd de economie in de jaren zestig overgenomen door de elektronica-industrie, constateerde Hoefler. 'Het tempo is zo duizelingwekkend dat zelfs doorgewinterde kenners van de transistoroorlog zich nauwelijks kunnen voorstellen dat dit verhaal pas sinds vijftien jaar speelt.'[60]

'Silicon' is het Engelse woord voor silicium, de halfgeleider die gebruikt wordt in de moderne chips. Shockley maakte de eerste transistors van germanium, een zeldzaam metaal. Midden jaren vijftig stapte hij over naar silicium, een element dat te verkrijgen is uit zand. Silicium geleidt beter dan germanium en presteert ook goed onder hoge temperaturen. Daarmee kon het tegemoetkomen aan de eisen voor raketten en vliegtuigen in de opkomende defensie-industrie. Sindsdien zijn siliciumchips de norm.

De term 'Silicon Valley' is blijven hangen – niet alleen als een benaming voor de chipbedrijven uit de jaren zestig, maar ook als naam voor de techindustrie aan de baai bij San Francisco. 'Hoefler was de eerste die over Silicon Valley schreef als een aparte gemeenschap,' vertelt journalist Michael Malone, die al zijn hele leven in Silicon Valley woont en verschillende boeken over de techindustrie schreef. 'Door Hoefler zijn we Silicon Valley gaan beschouwen als een gebied met eigen tradities en een specifiek karakter.'

SPIN-OFFS: 'FAIRCHILDREN'

Het succesverhaal van Fairchild Semiconductor zou het ondernemersklimaat in de Bay Area voorgoed veranderen. Een bedrijf verlaten om een concurrerende startup te beginnen was niet langer een schandalige daad van 'verraders' maar werd de normale gang van zaken. Al een paar jaar na de oprichting van Fairchild Semiconductor besloot een aantal van de Traiterous Eight om zelfstandig verder te gaan en eigen bedrijven op te richten. 'Fairchildren' werden deze spin-offs genoemd. Uit de bedrijven van de Fairchildren kwamen weer nieuwe startups voort. Twintig jaar na het vertrek van de Traiterous Eight waren er in de Bay Area meer dan 65 chipbedrijven waarvan de oorsprong is terug te leiden tot Fairchild Semiconductor – en daarmee dus indirect tot Shockley Semiconductor Lab.

De explosie aan chipbedrijven voorzag de Bay Area definitief van een ander karakter: de 'Valley of Heart's Delight' veranderde in 'Silicon Valley', vol techbedrijven die elkaar probeerden af te troeven door een beter, sneller, goedkoper of geheel ander product op de markt te brengen. De concurrentie nam toe en technologische ontwikkelingen volgden elkaar in hoog tempo op. Door alle financiële succesverhalen begonnen ook investeerders en advocaten zich in de Bay Area te vestigen. Zo ontstond de financiële en juridische infrastructuur gericht op startups, die zo belangrijk is voor Silicon Valley.

Tien jaar na de oprichting had Fairchild Semiconductor elfduizend werknemers en een jaarlijkse winst van twaalf miljoen dollar. Volgens sommige schattingen had het bedrijf 80 procent van de markt voor geïntegreerde circuits in handen.[61] Maar intern ging het minder goed. Het management rommelde en er was onenigheid over de richting van het bedrijf. Nadat Robert Noyce in 1968 was gepasseerd voor de functie van CEO, stapte hij op. Samen met zijn collega Gordon Moore wilde hij nog één keer een nieuw bedrijf oprichten – gewoon, om het nog eens te proberen. 'Ik wilde laten zien dat het slagen van Fairchild geen toevalstreffer was,' aldus Noyce.[62]

Moore en Noyce noemden hun bedrijf Intel – een afkorting van *integrated electronics* en een verwijzing naar 'intelligent'. (Aanvankelijk wilden ze het bedrijf naar zichzelf noemen, maar wie 'Moore-Noyce' hardop uitspreekt, begrijpt waarom die naam het niet is geworden.) Intel werd veruit de succesvolste *spin-off* van Fairchild en is nog altijd een grote speler in Silicon Valley.

INTEL EN DE MICROPROCESSOR

Intel richtte zich in eerste instantie op de geheugenchip, een product waaraan Robert Noyce en Gorden Moore al bij Fairchild Semiconductor hadden gewerkt en dat in hun ogen veel potentie had.[63] Ze kregen gelijk:

Intel groeide als kool en werd wereldwijd de belangrijkste leverancier van geheugenchips. Tussen 1968 en 1980 ging het bedrijf van twaalf naar vijftienduizend werknemers.[64] Dat Intel tegenwoordig nog steeds een grote speler in Silicon Valley is, komt echter door een ander product: de microprocessor. Tot in de jaren zeventig waren computers duur en specialistisch. Je vond ze alleen in universiteiten, grote bedrijven en overheidsinstellingen. Met de microprocessor kwamen computers ook binnen het bereik van particulieren – alleen duurde het even voordat de oprichters van Intel dat in de gaten hadden.

De uitvinding van de microprocessor betekende opnieuw een doorbraak in de elektronica, net zoals de transistor van Shockley en het geïntegreerde circuit van Noyce. De processor is het hart van een computer, een verzameling van miljoenen en tegenwoordig miljarden schakelaars waarmee alle berekeningen van de computer worden verwerkt. Vóór de komst van de microprocessor bestond een processor uit losse componenten en verschillende geïntegreerde circuits. Intelmedewerkers Ted Hoff en Federico Faggin lukte het in 1971 om het hele systeem in één chip bij elkaar te brengen.[65] Daarmee creëerden ze de eerste microprocessor, de Intel 4004.

Bij Intel hadden ze niet direct door wat deze uitvinding in beweging zou zetten. Toen een jonge Intel-ingenieur Moore benaderde met het plan om de microprocessor te gebruiken voor een computer die je thuis kon gebruiken, reageerde Moore weinig enthousiast. 'Ik vroeg de jongen: "Wat moeten gewone mensen nou met een computer?"' vertelt Moore later in een documentaire. 'Het enige voorbeeld dat hij kon bedenken, was het opslaan van recepten. Ik kon mij niet voorstellen wat mijn vrouw zou moeten met een computer in onze keuken. Dat leek me uitermate onpraktisch. Dus hebben we het idee laten varen.'[66]

Een computer die alleen recepten kon opslaan, was inderdaad geen goed idee. Elektronicabedrijf Honeywell had in 1969 geprobeerd om de Kitchen Computer te slijten, een apparaat waarmee huisvrouwen recepten konden opslaan. Voor een astronomisch bedrag van 10.600 dollar kreeg je een futuristisch vormgegeven oranje computer, één kookboek en een twee weken durende programmeercursus om het apparaat te leren bedienen. Er zat geen toetsenbord bij, wat betekende dat je voor ieder ingrediënt een binaire code diende in te voeren en die ook moest onthouden – betekende 1011101000011001 nu broccoli of worteltjes?[67] Er werd geen enkel exemplaar van verkocht.

De geflopte Kitchen Computer van Honeywell uit 1969 © Neiman-Marcus

Nu kunnen we ons geen leven zonder pc voorstellen, maar het duurde even voordat de geesten rijp waren voor dit idee. Bij Intel begonnen de mogelijkheden door te dringen nadat hobbyisten halverwege de jaren zeventig aan het experimenteren waren geslagen met zelfgeknutselde computers en de hippies van Apple met veel succes de eerste pc op de markt brachten – deze ontwikkelingen komen in het volgende hoofdstuk aan bod.

Intel besloot pas halverwege de jaren tachtig het roer radicaal om te gooien en alle energie te steken in het verder ontwikkelen van microprocessors.[68] Ze waren net op tijd, vlak voor de grote pc-revolutie van de jaren tachtig en negentig. Tegenwoordig geldt het bedrijf nog altijd als de belangrijkste producent van microprocessors ter wereld, bekend van de slogan 'Intel Inside'. Het bedrijf, gevestigd in Santa Clara, heeft nu meer dan honderdduizend werknemers en een jaarlijkse omzet van ruim vijftig miljard dollar. In het hoofdkantoor van Intel is ook het Intelmuseum gevestigd, waar het hele productieproces wordt uitgelegd voor een algemeen publiek: van het winnen van silicium uit zand tot het eindproduct, de superkrachtige processor.

MOORE'S LAW

In 1965 deed medeoprichter van Intel Gordon Moore in een artikel in het blad *Electronics Magazine* een boude voorspelling: tot 1975 zou het aantal transistors in een chip jaarlijks verdubbelen.[69] Exponentiële groei dus. Door het aantal transistors in een chip te verdubbelen wordt de rekenkracht van een computer twee keer zo groot, zonder dat de productiekosten evenredig stijgen. Computers worden daardoor steeds kleiner en sneller en kunnen steeds complexere taken uitvoeren.

Moore's voorspelling staat bekend als *Moore's law*, de Wet van Moore. Het verbazingwekkende is dat zijn voorspelling uitkwam. Dat kwam deels door Moore's adequate inschatting van de technologische ontwikkelingen, deels doordat zijn voorspelling werkte als een *selffulfilling prophecy*: Moore schepte verwachtingen die ingenieurs wilden waarmaken. In 1970 stelde Moore overigens zijn voorspelling bij: nu ging hij ervan uit dat het aantal transistors elke *twee* jaar zou verdubbelen. Deze aangepaste Wet van Moore gaat nog altijd op, aanvankelijk zelfs in een hoger tempo dan Moore voorspelde.[70]

De gevolgen hiervan zijn enorm. Alle innovatie in Silicon Valley van de afgelopen decennia wordt mogelijk gemaakt door de vooruitgang in chips zoals beschreven in de Wet van Moore, van de ouderwetse mainframecomputer tot de pc tot de smartphone en het digitale tijdperk. In de jaren zestig pasten op een chip slechts een paar transistors, tegenwoordig zijn dat er miljarden. Dat betekent bijvoorbeeld dat de smartphone in je broekzak meer rekenkracht heeft dan de Apollo die in 1969 twee astronauten naar de maan bracht. Een verjaardagskaart met een chip die als je 'm opent 'Happy Birthday' voor je zingt, heeft meer rekenkracht dan de bommenwerpers van de Tweede Wereldoorlog waar Terman met honderden wetenschappers aan werkte. En de Sony PlayStation 4, die je voor een paar honderd euro kunt kopen bij de winkel op de hoek, heeft meer rekenkracht dan een militaire supercomputer uit 1997, die miljoenen kostte.[71]

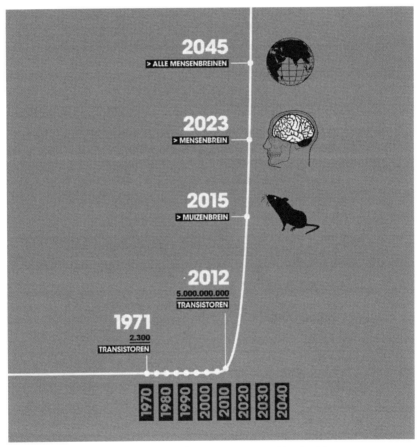

De Wet van Moore: in de jaren zestig pasten op een chip slechts een paar transistors, tegenwoordig zijn dat er al miljarden © Motoko | Creative Motion Design motoko.tv

Ook de opslagruimte is gigantisch toegenomen. In 1961 kreeg je bij een IBM-computer voor 115.500 dollar 28 megabyte aan opslagruimte, tegenwoordig kan je voor vijftig dollar een terabyte opslagruimte kopen, oftewel ruim een miljoen megabytes. Genoeg om drie jaar aan muziek in op te slaan. En waar een populaire gratis e-maildienst als Hotmail aanvankelijk twee gigabyte (2048 megabyte) aan opslag bood – als iemand je één foto in hoge resolutie stuurde, was gelijk je hele inbox vol – bieden vrijwel alle e-maildiensten tegenwoordig onbeperkte opslag.

Het is belangrijk om het verschil te snappen tussen lineaire groei (groei in gelijke stappen) en exponentiële groei (steeds snellere groei). Vóór de siliciumchip werd er in de computerindustrie vooral in termen van lineaire groei gedacht. Zo schreef het blad *Popular Mechanics* in 1949: 'De rekenmachine ENIAC is uitgerust met achttienduizend vacuümbuizen en weegt dertig ton, maar in de toekomst heeft deze misschien slechts duizend vacuümbuizen nodig en een gewicht van slechts anderhalve ton.'[72] Dat was in die tijd wellicht een wilde voorspelling; in werkelijkheid verliep de ontwikkeling van computertechnologie onvoorstelbaar veel sneller.

STARTUPS VAN STANFORD: GOOGLE

Silicon Valley werd in de loop van de jaren zestig en zeventig gedomineerd door de chipindustrie, maar in de loop van de tijd kwamen daar andere soorten techbedrijven bij. Stanford groeide daarbij uit tot een centrale speler in Silicon Valley, precies zoals Frederick Terman had gehoopt. Hewlett en Packard waren in hun tijd nog uitzonderingen, maar tegenwoordig brengt de universiteit aan de lopende band technische start-ups voort. eBay, Electronic Arts, Intuit, Netflix, LinkedIn, IDEO, Paypal, Logitech, Cisco, Sun Microsystems, Silicon Graphics, Tesla, SunPower, VMware, Instagram, Zillow, Yahoo en Google; hun oprichters studeerden allemaal aan Stanford.[73] Volgens een door Stanfordwetenschappers uitgevoerd onderzoek uit 2012 zijn er wereldwijd maar liefst 39.900 bedrijven actief opgericht door Stanfordstudenten.[74] Samen zouden zij jaarlijks 2,7 biljoen dollar aan inkomsten genereren, goed voor een tiende plek op de ranglijst van wereldeconomieën.

Veel van deze Stanfordbedrijven zijn opgericht door echte nerds: getalenteerde programmeurs die een technisch probleem willen oplossen en daarvoor een ingenieuze oplossing vinden. Het voorbeeld bij uitstek is Google. Het verhaal van de zoekmachinegigant begint in 1995, toen de studenten Larry Page en Sergey Brin voor hun promotieonderzoek een zoekmachine wilden bouwen om alle informatie te doorzoeken van het toen nog prille internet. Terry Winograd, hoogleraar computerwetenschappen en begeleider van Larry Page, was direct enthousiast.

'Zoekmachines waren in die tijd erg langzaam en gaven vaak onbruikbare resultaten,' vertelt Winograd in zijn kleine werkkamer op de campus. Vroege zoekmachines zoals AltaVista werkten als een index, gebaseerd op trefwoorden, legt hij uit. 'Hoe vaker een woord werd genoemd, des te hoger deze in de zoekresultaten kwam.' Maar naarmate er steeds meer websites bij kwamen, werkte dit systeem niet meer. 'Bij een algemeen woord als "computer" kreeg je honderdduizenden zoekresultaten, waarvan de eerste tien irrelevant waren. Bovendien was het systeem makkelijk te manipuleren; bijvoorbeeld door een populair woord op een website heel vaak te noemen.'

Midden jaren negentig kwamen er daarom 'webportals', zoals Yahoo of de Nederlandse site Startpagina. Bij webportals werden links handmatig per thema gerangschikt door werknemers van de site. Omdat mensen de links controleerden op relevantie, kon de bezoeker sneller vinden wat hij zocht. Maar ook deze methode had beperkingen: het aantal websites groeide veel sneller dan de werknemers van de webportals konden bijhouden. Daardoor bleef veel informatie onvindbaar. Bovendien waren er al snel zo veel thema's dat de portals onoverzichtelijk werden.

Page en Brin wilden een systeem ontwikkelen dat zoekresultaten automatisch organiseerde op relevantie. 'Het aantal bezoekers van een site zou daarvoor een goede indicator zijn, maar die informatie wordt niet vrijgegeven door webproviders,' vertelt Winograd. Daarom gooiden de studenten het over een andere boeg: ze ontwikkelden een algoritme (een reeks programmeerinstructies) dat niet alleen op trefwoord zocht, maar ook keek hoe vaak andere websites naar de pagina verwezen, plus hoe belangrijk de verwijzende pagina's zijn (met andere woorden: hoe vaak er werd verwezen naar de verwijzende pagina). 'Het lijkt een beetje op de citatieindex die wordt gebruikt onder academici,' aldus Winograd. 'Een artikel dat vaak wordt geciteerd, is waarschijnlijk belangrijker dan een artikel waar niemand naar verwijst. Het was een slimme manier om de waarde van een website te wegen.'

Page en Brin noemden hun technologie 'PageRank'. Ze waren nooit van plan geweest om een eigen bedrijf op te richten, maar hun technologie was zo veelbelovend dat ze in 1997 besloten het erop te wagen. Ze kregen financiële steun en zakelijk advies van Andreas Bechtolsheim, oprichter van Sun Microsystems en oud-Stanfordstudent. Ook Stanfordprofessor David Cheriton was bereid om in hun bedrijf te investeren, iets wat hij eerder al bij andere startups van studenten had gedaan. Page en Brin verplaatsten de Google-domeinnaam van google.stanford.edu naar google.com; een jaar later richtten zij officieel hun bedrijf op in een garage in Menlo Park. De universiteit was officieel patenthouder van PageRank, maar gaf Google de exclusieve gebruikersrechten.[75] In de kelder van een gebouw van de technische faculteit op Stanford kun je de allereerste Google-opslagserver zien: tien harde schijven van vier gigabyte in een provisorische kast van LEGO-blokjes, met erbovenop twee LEGO-poppetjes die Page en Brin moeten voorstellen.

Met een jaarlijkse omzet van bijna zestig miljard dollar is Google tegenwoordig een van de grootste en belangrijkste spelers in Silicon Valley. De missie van het bedrijf is om 'alle informatie ter wereld te organiseren, universeel toegankelijk en bruikbaar te maken'.[76] Werknemers worden bij Google gestimuleerd om naast hun reguliere werk eigen projecten op te zetten. Mede hierdoor is Google uitgegroeid tot een veelzijdig bedrijf: naast de zoekmachine heeft Google een eigen browser (Google Chrome), een mobiel besturingssysteem (Android), een e-maildienst (Gmail), een videodienst (YouTube), een fotodienst (Picasa), een clouddienst (Google Drive), een nieuwsdienst (Google News), een kaartendienst (Google Maps), een online bibliotheek (Google Books), een sociaal netwerk (Google+) en nevenprojecten zoals de zelfrijdende auto en Google Glass.

Door deze hoeveelheid diensten en omdat het bedrijf precies kan zien waar gebruikers op klikken, kan het bedrijf een schat aan informatie aan adverteerders leveren. De algoritmes van Google zorgen er ook voor dat adverteerders gemakkelijk hun potentiële klanten vinden. Via AdWords, een

van de populaire advertentieproducten van Google, kunnen adverteerders bijvoorbeeld bieden op zoektermen waarvan zij willen dat hun advertentie erbij verschijnt. De hoogte van het bod, in combinatie met de door Google-algoritmes bepaalde relevantie van het bedrijf, bepalen welke bieder wint. Deze advertentieproducten hebben Google veranderd in een goudmijn. Ruim 95 procent van alle inkomsten haalt Google uit advertenties.[77]

De Google-aandelen die Stanfordprofessor Cheriton kreeg in ruil voor honderdduizend dollar startkapitaal zijn inmiddels meer dan één miljard dollar waard. Maar dat doet Cheriton niet veel: hij werkt nog steeds fulltime aan Stanford, rijdt in een meer dan twintig jaar oude Volkswagen en knipt zijn eigen haar, zo blijkt uit een profiel van Cheriton in *Forbes*.[78] Winograd investeerde niet in Google. Spijt heeft hij niet. 'Ik ben geïnteresseerd in computers, niet in geld,' zegt hij. Van zijn oud-studenten kreeg hij uit dank voor zijn hulp bij het ontwikkelen van het PageRank-algoritme een klein aandeel in Google cadeau. Maar hij was gelukkiger toen Page en Brin regelden dat hij in 2002 een jaar met verlof mocht om zich op de Google-campus volledig te kunnen richten op zijn eigen onderzoek. 'Ik heb nog altijd een pas van de Googlecampus,' vertelt hij stralend. 'Je kunt er heerlijk werken.'

DE NERDS VAN SILICON VALLEY

Silicon Valley begon met de komst van nerds. Frederick Terman zorgde voor nauwe samenwerking tussen Stanford University, het bedrijfsleven en de overheid, waardoor bakken met geld vrijkwamen voor onderzoek en veel hoogopgeleide, ambitieuze mensen naar de regio trokken. William Shockley bracht de transistor naar dit gebied, wat leidde tot de explosie aan siliciumchipbedrijfjes waar Silicon Valley zijn naam aan dankt. De razendsnelle ontwikkeling van deze chips, zoals omschreven in de Wet van Moore, zorgde ervoor dat de rekenkracht van computers nu meer dan een miljoen keer groter is dan veertig jaar geleden. Shockley's uitvinding bood een scala aan mogelijkheden die door de nerds van Silicon Valley gretig werden verkend en de basis vormden van allerlei nieuwe technologieën.

Ook nu nog staan de nerds bovenaan in de sociale hiërarchie in Silicon Valley. Technische kennis wordt gewaardeerd: wat je weet en kunt en wat je daarmee doet, is belangrijker dan hoe je eruitziet of hoe je je gedraagt. Dat hoeft geen boekenkennis te zijn of een diploma van een prestigieuze universiteit; ook nerds die zichzelf hebben leren programmeren of al knutselend nieuwe dingen uitvinden in de garage kunnen het ver schoppen. Veel oprichters van grote techbedrijven hebben hun studie nooit afgerond: Mark Zuckerberg van Facebook, Steve Jobs van Apple en Bill Gates van Microsoft staakten hun studie al na een paar semesters om hun dromen na te jagen.

Betekent dat dan dat je beter niet kunt studeren? De meningen lopen uiteen. Peter Thiel, een bekende investeerder uit Silicon Valley, vindt een universitaire opleiding een verspilling van tijd en geld.[79] Hij riep een speciale beurs in het leven, de 'Thiel Fellowship', om tieners te ondersteunen die in plaats van studeren een eigen bedrijf willen oprichten.[80] Toch klopt het niet dat Silicon Valley uitsluitend bestaat uit briljante *college dropouts*. Dat blijkt onder meer uit het uitzonderlijk hoge opleidingsniveau van de inwoners in Silicon Valley. Aaron Levie, oprichter van het cloudbedrijf Box, vindt de Thiel Fellowship alleen een optie voor uitzonderlijke gevallen. Levie stopte als twintigjarige met zijn studie om zijn eigen bedrijf op te richten, maar hij neemt toch voornamelijk mensen aan die een diploma op zak hebben. Hij adviseert iedereen, zijn eigen kinderen incluis, om vooral wél te studeren: 'Een studie is superbelangrijk.'[81]

Ook wetenschappers staan in Silicon Valley hoog in aanzien. Een voorbeeld daarvan is de Breakthrough Prize, een prestigieuze prijs van zesmaal drie miljoen dollar die sinds 2013 jaarlijks in Silicon Valley wordt uitgereikt aan zes individuele wetenschappers. De prijs is een initiatief van Facebook-CEO Mark Zuckerberg (die zelf dus met zijn studie stopte), Apple-bestuursvoorzitter Art Levinson, investeerder Yuri Milner, Google-medeoprichter Sergey Brin en oprichter van gentestbedrijf 23AndMe (en ex-vrouw van Brin) Anne Wojcicki. De prijsuitreiking heeft Oscar-achtige allure, inclusief rode loper, beroemdheden en chique jurken. Die glamoureuze setting is een bewuste keuze van de Silicon Valley-grootheden: wetenschappers zijn misschien niet zo knap en charismatisch als filmsterren, maar in hun ogen zijn zij de helden van onze tijd. 'Albert Einstein werd in zijn tijd gevierd als een wetenschappelijke rockster,' aldus Zuckerberg tijdens de eerste prijsuitreiking. 'Met de Breakthrough Prize willen we wetenschappers in de spotlights zetten die onze levens en die van de toekomstige generaties ten goede veranderen.'[82]

HOOFDSTUK 2: HIPPIES

Naast een walhalla voor nerds is de Bay Area traditioneel ook een plek van dichters, kunstenaars, homo's en hippies. Er wordt volop geëxperimenteerd met spiritualiteit, nudisme, seks en drugs; yoga, mediteren, quinoa en boerenkoolshakes zijn aan de orde van de dag. Deze zaken lijken op het eerste oog niets te maken te hebben met computertechnologie, maar de progressieve cultuur van de Bay Area speelt wel degelijk een rol in Silicon Valley. Dat zit 'm vooral in de mentaliteit, aldus ondernemer en investeerder Paul Graham: '[De Bay Area] is de plek waar mensen heen gingen om iets nieuws te proberen. En zo werd het een synoniem voor Californische gestoordheid. (...) Een plek waar wordt gezocht naar het nieuwe en die daarbij openstaat voor gekke ideeën, is precies wat je nodig hebt voor een startuphub.'[83]

Dit hoofdstuk bespreekt de cultuur van tegendraadsheid, non-conformisme en idealisme in Silicon Valley, samengebracht onder de term 'hippies'. Eerst komt de hippiebeweging van de jaren zestig aan de orde, die met name groot was in Berkeley en San Francisco. De hippiecultuur nam in Silicon Valley een specifieke vorm aan: waar hippies buiten Silicon Valley de wereld wilden veranderen door middel van politiek, ontstond in Silicon Valley een 'nerdy' variant van de hippiecultuur die de wereld beter, rechtvaardiger en democratischer wilde maken door middel van technologie. Ook komen hedendaagse voorbeelden van alternatieve cultuur in Silicon Valley aan bod, zoals het Burning Man-festival, de *maker movement* en organisaties voor digitale burgerrechten. En er wordt stilgestaan bij de rol van hackers die – soms uit politieke overwegingen, soms voor de lol – inbreken in bestaande technologie en zich deze toe-eigenen voor hun eigen doelen.

Twee mannen krijgen bijzondere aandacht: de idealistische wetenschapper Douglas Engelbart en de door technologie geobsedeerde hippie Stewart Brand. Deze mannen hadden beiden een visie hoe technologie kan bijdragen aan een betere wereld en speelden een rol bij de opkomst van de pc. Ook Steve Jobs komt geregeld ter sprake. Jobs was de Silicon Valley-hippie bij uitstek: toen hij jong was liep hij op blote voeten, gebruikte LSD, woonde een tijdje in een commune en ging op een spirituele ontdekkingsreis naar India; later bouwde hij met Apple een van de grootste en belangrijkste techbedrijven van Silicon Valley en werd hij een van de rijkste mannen op aarde. De wereld willen verbeteren en veel geld verdienen sluiten elkaar in Silicon Valley zeker niet uit, zo wordt in de loop van dit hoofdstuk duidelijk.

Grote techbedrijven in Silicon Valley vinden nog altijd dat ze 'anders' zijn dan andere bedrijven: het gaat ze niet alleen om het ontwikkelen van technologie of het maken van winst, maar uitdrukkelijk ook om maatschappelijke impact. Ze willen, in de woorden van Jobs, 'een deuk in het universum slaan', ze willen de wereld blijvend en ten goede veranderen. Die idealistische aanspraken leiden soms tot spanningen. Zijn techbedrijven werkelijk zo idealistisch als ze zeggen, of zijn geld en macht inmiddels veel belangrijkere drijfveren? Aan het eind van dit hoofdstuk houden we de idealen van huidige techbedrijven in Silicon Valley nog eens tegen het licht.

IF YOU'RE GOING TO SAN FRANCISCO

Op 1 oktober 1964 stond student Jack Weinberg op de campus van de universiteit van Berkeley te flyeren voor de burgerrechtenbeweging Congress of Racial Equality. De politie vroeg hem te vertrekken, want politieke activiteiten op de campus waren in die tijd verboden. Weinberg weigerde. Toen de politie hem arresteerde en wilde afvoeren, werd de politieauto, inclusief Weinberg, in een spontane actie van studenten omsingeld. Er kwamen steeds meer studenten bij, tot er drieduizend studenten om de auto zaten. Studenten klommen op de auto en gebruikten het als podium om het recht van vrijheid van meningsuiting op de campus te bepleiten. Na 32 uur protest besloot de politie om Weinberg, die nog altijd in de auto zat, vrij te laten.

De actie rond Weinberg vormde het begin van de *free speech movement*. Er volgden nog veel protestacties op Berkeley voor het recht op vrijheid van meningsuiting. Met succes: de regels werden versoepeld zodat politieke activiteiten op de campus werden toegestaan. Zo werd in 1965 op de Berkeleycampus geprotesteerd tegen de oorlog in Vietnam. De studentenprotesten sloegen over naar andere universiteiten en groeiden in de jaren daarop uit tot de bredere hippiebeweging. Zo trokken in 1967 tienduizenden jongeren naar San Francisco voor de 'Summer of Love', een zomer vol vreedzaam protest, drugs, rockmuziek, vrije liefde en bloemen in het haar. De hippies streken massaal neer in de wijk Haight-Ashbury, waar ook artiesten en bands zoals Janis Joplin, Grateful Dead en Jefferson Airplane verbleven. De wijk Castro trok in diezelfde periode veel homo's, lesbiennes, bi- en transseksuelen aan en geldt tot op heden als het centrum van de Amerikaanse homobeweging.

De term 'hippie' wijst niet naar één vastomlijnde groep, maar is een verzamelnaam voor allerlei alternatieve stromingen die hun eigen idealen nastreefden – feministen, anarchisten, communisten, milieuactivisten, hedonisten, nudisten, vredesactivisten en ga zo maar door. Duidelijk was vooral waar de hippies tégen waren: de verstikkende, conformistische samenleving van de jaren vijftig en zestig. De hippies wilden het allemaal anders doen, ze wilden een nieuwe, betere, eerlijkere, vrijere wereld creëren en experimenteerden daarom volop met nieuwe levensstijlen. De hippiebeweging waaierde in verschillende vormen uit naar andere plekken in de VS en Latijns-Amerika; in Europa waren er hippiemanifestaties in onder meer Londen, Parijs, (West-)Berlijn en Amsterdam.

Protesterende studenten in Berkeley in 1964 © Duke Downey

Even ten zuiden van Berkeley en San Francisco, in Silicon Valley, ging het er op het eerste gezicht rustiger aan toe. Stanford University en de siliciumchipbedrijven in de regio werkten in die tijd nauw samen met het Amerikaanse ministerie van Defensie – een van de grote vijanden van de hippies, die tegen de Vietnamoorlog waren. Toch vond ook in Silicon Valley in de jaren zestig een culturele omwenteling plaats, een die zich minder in het zicht afspeelde, maar in achterkamertjes en garages. Dat betoogt onder meer Stewart Brand, grondlegger van *Whole Earth Catalog* (waarover zometeen meer). 'De verachting van gecentraliseerde autoriteit door de hippiebeweging legde niet alleen de filosofische fundering voor het leiderloze internet, maar voor de hele revolutie van de personal computer,' schreef hij terugblikkend in zijn essay 'We owe it all to the hippies'.[84] Vergeet anti-oorlogprotesten, Woodstock en lang haar, aldus Brand: de echte erfenis van de jaren zestig is de computerrevolutie.

De hippies in Silicon Valley hadden buitengewoon grote verwachtingen van technologie. Zij zagen in computers een manier om de mogelijkheden van het individu te vergroten, wat tot meer onafhankelijkheid en vrijheid zou leiden. Twee mannen in Silicon Valley, de net genoemde Stewart Brand en de eigenzinnige computerwetenschapper Douglas Engelbart, hadden veel invloed op deze manier van denken. Maar eerst maken we een korte excursie naar psychedelische drugs, die – althans in de ogen van de hippies in de jaren zestig en zeventig – zorgden voor een explosie aan creativiteit en nieuwe inzichten.

GEESTVERRUIMENDE MIDDELEN

Nog voordat LSD wereldwijde faam zou vergaren als hippiedrug, werd er in Silicon Valley al flink mee geëxperimenteerd. In het in 2005 verschenen boek *What the Dormouse Said*, waarin *New York Times*-journalist John Markoff de invloed van de hippiecultuur op Silicon Valley onderzoekt, neemt LSD dan ook een prominente plaats in.

Een van de eerste propagandisten van LSD was Ken Kesey (1935-2001). Kesey deed de schrijversopleiding aan Stanford University en had een bijbaan als nachtwacht in het veteranenziekenhuis in Menlo Park. In dat ziekenhuis nam Kesey rond 1960 als vrijwilliger deel aan een serie experimenten naar de gevolgen van LSD – destijds nog geen partydrug van de hippiegeneratie, maar een nieuw middel waarvan de autoriteiten de effecten wilden onderzoeken.[85] Per sessie kreeg hij een vergoeding van 75 dollar. Zijn ervaringen met drugs en als suppoost in het ziekenhuis verwerkte Kesey in zijn beroemde boek *One Flew Over the Cuckoo's Nest* (1962).

Kesey bleef na deze experimenten gefascineerd door LSD. In een pand aan Sand Hill Road in Palo Alto – tegenwoordig de 'gouden weg' waar alle grote investeringsmaatschappijen zijn gevestigd – begon hij *acid tests* te organiseren; extatische bijeenkomsten met muziek, lichteffecten, fluorescerende verf en LSD.[86] De huisband was Grateful Dead, een rockband uit Palo Alto die al snel een enorme schare fans kreeg.[87] Ook Stewart Brand nam deel aan deze sessies.

Brand was gefascineerd door de combinatie van drugs en technische middelen om tot nieuwe ervaringen te komen. Hij wilde de acid tests naar een groter publiek brengen en organiseerde in 1966 daarom het Trips Festival in San Francisco, een driedaags psychedelisch festival met optredens van onder meer de Grateful Dead, theaterperformances, eten, bloemen, installaties, lichteffecten, videoprojecties en natuurlijk drugs. Het overkoepelende thema van het festival was 'elektriciteit' – het laten stromen van energie door mensen en machines. De poster van het Trips Festival meldt onder meer: 'Het publiek wordt gevraagd EXTATISCHE KLEDING te dragen en EIGEN GADGETS mee te brengen. Stopcontacten zijn aanwezig.'

Een andere invloedrijke groep van LSD-gebruikers in Silicon Valley was die van Myron Stolaroff. Deze ingenieur begon in 1961 een onderzoek naar de relatie tussen LSD en creativiteit bij wetenschappers. In een kantoor in Menlo Park zouden gedurende vier jaar 350 proefpersonen hun eerste psychedelische trip beleven. Onder hen bevonden zich vele computerwetenschappers uit Silicon Valley, zoals Douglas Engelbart. Na verloop van tijd begon de Amerikaanse overheid LSD te beschouwen als een illegale drug; Stolaroffs onderzoek werd in 1965 op last van de autoriteiten gestaakt. Het was hem niet gelukt om een direct verband aan te tonen tussen het gebruik van LSD en nieuwe wetenschappelijke inzichten, al publiceerde hij wel een aantal papers met voorlopige conclusies.[88]

Toch hadden de drugsexperimenten wel degelijk impact op Silicon Valley, zegt journalist John Markoff. In dezelfde tijd dat in Silicon Valley met drugs werd geëxperimenteerd, ontstond er onder techneuten meer ruimte voor het onderzoeken en uitvoeren van op het eerste gezicht wilde ideeën. 'Innovatie ontstaat op de grens van chaos, en met de drugssessies werden die grenzen heel bewust opgezocht – in het geval van Stolaroff zelfs met een wetenschappelijke benadering,' aldus Markoff. In zijn boek noemt hij allerlei figuren uit Silicon Valley die in de jaren zestig en zeventig met drugs experimenteerden; de bekendste is Steve Jobs. Hij noemde zijn LSD-trips tegenover Markoff een van de belangrijkste ervaringen in zijn leven. 'Door zijn ervaringen met LSD voelde hij zich anders dan andere CEO's, die deze ervaring niet hadden,' vertelt Markoff. 'Hij bleef zich altijd een buitenstaander voelen in de zakenwereld, zelfs toen hij was uitgegroeid tot een van de grootste zakenmannen ter wereld.'

Poster van het door Stewart Brand georganiseerde Trips Festival in 1966. Het publiek wordt gevraagd 'extatische kleding te dragen en eigen gadgets mee te brengen. Stopcontacten zijn aanwezig.'

STEWART BRAND EN *WHOLE EARTH CATALOG*

Stewart Brand (1938) – zijn naam kwam in dit hoofdstuk al een paar keer langs – is een van de invloedrijkste hippies uit Silicon Valley. Brand laat zich niet makkelijk typeren: hij studeerde biologie aan Stanford, zat bij de infanterie van het Amerikaanse leger, studeerde design en fotografie in San Francisco en organiseerde onder meer het Trips Festival. Hij was zowel actief in de hippiebeweging in San Francisco als in de tot dan toe vooral op militaire toepassingen gerichte techgemeenschap in Silicon Valley, en wordt gezien als de man die deze twee werelden bijeenbracht.[89]

Net als andere hippies droomde Brand van een andere, betere wereld. Maar in tegenstelling tot de hippies uit Berkeley of San Francisco zag Brand geen heil in demonstraties of politieke acties: hij richtte al zijn hoop op technologie. Inspiratie vond hij onder meer bij de uitvinder en visionair Buckminster Fuller. 'Fuller zei eens dat het vervelend zou zijn als alle politici in één klap zouden doodgaan. Maar als alle wetenschappers en techneuten er opeens niet meer zouden zijn, is dat een regelrechte ramp,' aldus Brand. 'Daarom heb ik mij volledig gericht op technologie (...) Je kunt de aard van de mens niet veranderen, maar je kunt het gereedschap veranderen waarmee zij hun omgeving scheppen. En zo kun je uiteindelijk de hele samenleving veranderen.'[90]

In 1968 begon Brand met de samenstelling van een boek dat grote impact zou hebben op Silicon Valley: *Whole Earth Catalog*.[91] Dit boek, met het onderschrift: 'Access to Tools' (toegang tot gereedschap), was bedoeld als naslagwerk voor hippies die zich wilden terugtrekken uit de samenleving om zelfvoorzienende communes op te richten. Dat was toen minder obscuur dan het nu klinkt; tussen 1966 en 1973 leefden naar schatting tien miljoen Amerikanen in een commune.[92] De catalogus van Brand biedt een overzicht van wat je allemaal nodig hebt om een eigen gemeenschap op te bouwen. Die spullen kon je vervolgens kopen in de aan de catalogus gelieerde Whole Earth Truck Store in Menlo Park of bij leveranciers die in de catalogus werden vermeld. Tussen 1968 en 1971 kwamen verschillende edities van *Whole Earth Catalog* uit, die steeds verder werd uitgebreid en aangevuld met nieuwe producten, recensies en ervaringen en tips van hippies – een soort gecrowdsourcete *how to*-gids. Tot 1995 werden er sporadisch nieuwe edities uitgebracht.

Brand zag technologie als de weg naar een betere wereld. 'Wij zijn als goden en daar kunnen we maar beter aan wennen,' schreef hij in de inleiding van de eerste editie van de *Whole Earth Catalog*.[93] Tot dan toe, aldus Brand, lag de macht in handen van 'de overheid, grote bedrijven, universiteiten, de kerk'. Maar nu was het tijd om op eigen benen te staan. Er was 'een intieme, persoonlijke vorm van macht' ontstaan, 'de macht van het individu om zichzelf op te leiden, zijn eigen inspiratie te vinden, zijn eigen omgeving te scheppen (...) Gereedschap dat dit proces ondersteunt, wordt aangeprezen in *Whole Earth Catalog*.'[94]

Een groot deel van *Whole Earth Catalog* bestond uit boeken over de invloed van technologie, die de geesten rijp moesten maken voor de technologisch-maatschappelijke omwenteling. Verder vond je er het serieuzere huis-tuin-en-keukengereedschap: een weefgetouw, een nomadentent, instructies hoe een biologische moestuin aan te leggen. Maar er werden ook geavanceerde apparaten aangeboden, zoals een draagbare rekenmachine van HP van 4900 dollar – op dat moment het nieuwste van het nieuwste op het gebied van computertechnologie voor particulieren. Computers hadden in de ogen van Brand de potentie om de onafhankelijkheid en zelfredzaamheid van mensen te vergroten, zelfs toen de personal computer nog niet meer dan een dure rekenmachine was.

Whole Earth Catalog sloeg aan: van de editie van 1971 werden ruim anderhalf miljoen exemplaren verkocht. Steve Jobs noemde *Whole Earth Catalog* in zijn beroemde speech uit 2005 voor afstuderende Stanfordstudenten 'de bijbel van mijn generatie'. 'Het was een soort Google in paperbackvorm, 35 jaar voordat Google bestond: het was idealistisch en liep over van handige *tools* en interessante ideeën.'[95] Ook Jobs' beroemde slotzin 'Stay hungry. Stay foolish' is ontleend aan dit boek. 'Op de achterzijde van de cover stond een foto van een verlaten landweggetje in de vroege ochtend', aldus Jobs. 'Een weggetje waar je verzeild zou kunnen raken als je gaat liften, mocht je zo avontuurlijk zijn. Onder de foto stond als afscheidsboodschap: "Stay hungry. Stay foolish." Dat heb ik altijd voor mijzelf gewenst. Nu jullie afstuderen en aan een nieuwe levensfase beginnen, wens ik jullie hetzelfde toe: Stay hungry. Stay foolish.'[96]

Brand bleef ook na zijn *Whole Earth Catalog* een idealistische technologieliefhebber. Zo richtte hij in 1985, lang voor het doorbreken van het world wide web, een van de eerste virtuele gemeenschappen op, 'the WELL' (Whole Earth 'Lectronic Link), en was hij betrokken bij de oprichting van het magazine *Wired*. De vroege internetgemeenschap, waarover later in dit hoofdstuk meer, zag in de opkomst van internet het begin van een utopische wereld die socialer, meer verbonden en democratischer zou zijn.

Tegenwoordig is Brand actief in de Long Now Foundation, een club die drukbezochte lezingen in Silicon Valley organiseert over de impact van technologie in de komende tienduizend jaar.[97] De stichting heeft een klok laten bouwen die gedurende tienduizend jaar één keer per jaar tikt en bij het verstrijken van een millennium een klokkenspel laat horen – daarmee wil de stichting ingenieurs aansporen om na te denken over de langetermijngevolgen van hun uitvindingen. Ook leidt Brand een project om uitgestorven diersoorten, à la *Jurassic Parc*, door middel van biotechnologie weer tot leven te wekken.[98] Bovenaan zijn verlanglijstje staat de dodo.

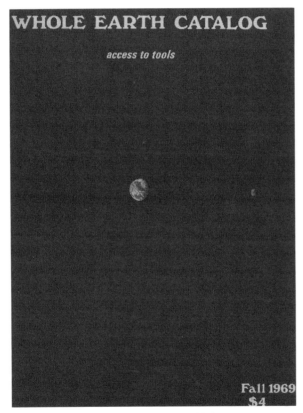

Cover van Whole Earth Catalog *uit 1969*

DOUGLAS ENGELBART

Een ander figuur in Silicon Valley die de wereld wilde verbeteren door middel van technologie was Douglas Engelbart (1925-2013). Engelbart was zelf geen hippie – hij was net van een generatie daarvoor – maar verkeerde wel in hippiekringen. Waar Brand de geesten rijp maakte voor gebruik van computers door particulieren, ontwikkelde Engelbart de eerste technologieën die computers daadwerkelijk dichter bij gewone mensen brachten.

Engelbart stelde computers voor als een 'uitbreiding van de menselijke geest' – om die reden was hij ook geïnteresseerd in geestverruimende drugs, vermoedt Markoff.[99] Engelbart wilde van computers een logisch verlengstuk van onszelf maken. Daarnaast verwachtte hij dat als mensen via computers met elkaar communiceren, er zoiets als 'collectieve intelligentie' zou ontstaan. Doordat kennis eenvoudig gedeeld en geraadpleegd zou worden, konden mensen de complexe problemen van de moderne tijd oplossen.[100] De bekendste uitvinding van Engelbart is de computermuis, een vrij letterlijke uitbreiding van onszelf om met computers te kunnen interacteren. Daarnaast deed hij onderzoek naar nieuwe technologieën als tekstverwerkingsprogramma's, videoconferenties en het verbinden van informatie via hyperlinks.

Engelbarts fascinatie met computers begon in 1945 toen hij in het tijdschrift *The Atlantic* een artikel las van de computerwetenschapper Vannevar Bush, getiteld 'As we may think'.[101] Het artikel, inmiddels een klassieker, werd vlak na de Tweede Wereldoorlog gepubliceerd en ging over de vraag hoe technologie kon worden ingezet om de mensheid verder te helpen, in plaats van die te vernietigen. Jarenlang hebben mensen met apparaten hun fysieke krachten vergroot, aldus Bush: stampmolens vermalen stenen als reusachtige vuisten, microscopen versterken ons zicht. Maar nu zou volgens hem een periode aanbreken waarin mensen via apparaten hun denkkracht zouden vergroten. Hij fantaseerde over de computer van de toekomst, de Memex: 'Een apparaat voor individueel gebruik dat functioneert als een gemechaniseerde bibliotheek en een persoonlijk archief,' aldus Bush. 'Omdat het nog geen naam heeft, noemen we het voorlopig de Memex. De Memex is een apparaat waarin iemand al zijn boeken, bestanden en communicatie kan opslaan. Het is gemechaniseerd zodat je steeds sneller en gemakkelijker iets kunt opvragen. Zie het als een grote uitbreiding van ons persoonlijk geheugen.'[102]

Prototype van de eerste muis gemaakt door Douglas Engelbart
© *Mark Richards*

Engelbart was diep onder de indruk en zou de rest van zijn leven proberen om een computer zoals de Memex te ontwikkelen. In 1968 – toevallig ook een sleuteljaar in de hippierevolutie – presenteerde Engelbart na bijna tien jaar onderzoek aan het Stanford Research Institute de resultaten aan zo'n duizend vakgenoten. Hij liet in anderhalf uur zó veel invloedrijke ideeën zien dat deze presentatie tegenwoordig de 'moeder aller demo's' wordt genoemd.[103] Engelbart toonde er voor het eerst de computermuis; een groot, vierkant object dat bewogen kon worden op twee rollende schijven: een *'X-Y position indicator for a display system,*' noemde hij het. Later in de presentatie nam hij contact op met een collega die vijftig kilometer verderop verbleef en live te zien en te horen was via een verbinding die achter hem werd geprojecteerd op een beeldscherm: 's werelds eerste videoconferentie. Verder presenteerde hij onder meer een tekstverwerkingsprogramma waarin meerdere mensen tegelijkertijd aanpassingen konden doen (een soort oerversie van Google Docs), klikte door slides met bulletpoints (een soort vroege PowerPoint) en deed hij een theorie uit de doeken over hoe documenten gekoppeld konden worden via hyperlinks; een idee dat later verder werd ontwikkeld met het wereldwijde web.

Engelbarts presentatie is nog altijd indrukwekkend om te zien. In een tijd dat computers niet meer waren dan logge, dure, onpersoonlijke rekenmachines die alleen door experts gehanteerd konden worden, voorzag Engelbart een toekomst waarin deze een rol konden spelen in ons dagelijks leven. Een opmerkelijk detail is dat Stewart Brand als freelance cameraman de video-opnames van de presentatie maakte – de hippies van Silicon Valley wisten elkaar te vinden.

Na zijn legendarische demo raakte Engelbart echter snel in vergetelheid. Het zou nog lang duren voordat zijn ideeën voet aan de grond kregen. De personal computer brak pas door in de jaren tachtig, inclusief Engelbarts muis – zonder dat hij er erkenning voor kreeg. Pas in de jaren negentig, met het publiek toegankelijk worden van internet, gingen mensen massaal informatie uitwisselen, al leidde dit tot Engelbarts verdriet niet direct tot 'collectieve intelligentie', maar tot frivolere zaken als porno, spelletjes en gebabbel op sociale media. Pas veel later, in 2000, kreeg Engelbart met terugwerkende kracht erkenning voor zijn werk. In dat jaar ontving hij van de toenmalige president Bill Clinton de National Medal of Technology and Innovation, de hoogste onderscheiding voor ingenieurs in de VS, voor 'het leggen van de basis voor de personal computer'. Tegenwoordig staat Engelbart bekend als een van de belangrijkste figuren in de geschiedenis van Silicon Valley.

DE GEBOORTE VAN DE PC #1: DE XEROX ALTO

Engelbarts ideeën werden wél serieus genomen bij het Xerox PARC. Dit onderzoeksinstituut was in 1970 opgericht in Palo Alto als een afdeling van de Xerox Corporation, een reusachtig bedrijf in kopieerapparaten met het hoofdkantoor aan de Oostkust. Veel van Engelbarts medewerkers gingen hier aan de slag nadat Engelbarts lab aan het Stanford Research Institute in financiële problemen raakte. De onderzoekers van PARC hadden de opdracht om na te denken over het 'kantoor van de toekomst' en de manier waarop Xerox hierop kon inspelen. Het groeide snel uit tot een belangrijk centrum van innovatie.

Brainstorm bij PARC © Parc, a Xerox Company

De sfeer bij PARC was anders dan bij het traditionele hoofdkantoor van Xerox: hier hingen jonge, bevlogen hippies in zitzakken om vrijuit te brainstormen over baanbrekende projecten. 'Bij PARC heerste totale intellectuele vrijheid,' vertelt oud-medewerker John Warnock. 'Er was geen conventionele wijsheid, iedere aanname mocht worden betwist.'[104] Volgens de PARC-medewerkers, net zoals Engelbart, lag de toekomst van het kantoor in het toegankelijk maken van computers voor gewone werknemers. Ook het idee van Brand dat het juiste gereedschap kan leiden tot een betere wereld, leefde in Xerox PARC. Bij de oprichting was de nieuw aangestelde bibliothecaris direct naar de Whole Earth Truck Store gereden en had een exemplaar aangeschaft van elk boek dat werd aangeprezen in *Whole Earth Catalog*.[105]

Het eerste grote project van Xerox PARC was de ontwikkeling van een computer voor persoonlijk gebruik. In 1973 presenteerde PARC de Xerox Alto, de eerste computer die eruitzag als de moderne pc: een die je op je bureau kon zetten, met een scherm, een toetsenbord, een muis en een grafische interface waarbij je menu's en vensters (*windows*) kon openen. Zó zag volgens de PARC-onderzoekers het kantoor van de toekomst eruit.

Exemplaar van de Xerox Alto in het Computer History Museum

De Alto werd echter nooit op de markt gebracht. In het eerste hoofdstuk kwam al aan de orde dat het chipbedrijf Intel in eerste instantie geen potentie zag in de pc; ook de Xerox-managers konden zich niet voorstellen wat gewone mensen met een computer zouden moeten beginnen. Door de grote afstand tussen het hoofdkantoor aan de Oostkust en het onderzoeksinstituut aan de Westkust konden de PARC-medewerkers ongehinderd hun gang gaan, maar was er ook sprake van een communicatiekloof: de PARC-onderzoekers hadden grote moeite om de Xerox-managers van het belang van hun projecten te overtuigen. Pas toen een concurrent ervandoor ging met het ontwerp van de Alto, beseften de leidinggevenden van Xerox dat ze een reusachtige inschattingsfout hadden gemaakt.

Die concurrent was een piepjong computerbedrijf uit Cupertino, genaamd Apple. Steve Jobs, de 24-jarige oprichter, had zich op een slinkse manier toegang verschaft tot Xerox PARC: hij kocht een flink aantal aandelen van Xerox en vroeg vervolgens het bestuur om een rondleiding door Xerox PARC. De bestuursleden zagen geen gevaar in een bezoek van deze jonge ondernemer en zegden toe. De PARC-medewerkers bespeurden onraad; Jobs zou er geheid met hun ideeën vandoor gaan. Maar ze konden niet anders dan gehoor geven aan orders van bovenaf. In december 1979 demonstreerden ze knarsetandend hun geheime onderzoeksprojecten, waaronder de Xerox Alto. Jobs begreep meteen het potentieel van Alto. 'Jullie zitten op een goudmijn!' riep hij tegenover de onderzoekers. 'Ik kan niet geloven dat Xerox deze kans niet grijpt!'[106]

Apple zou een flink aantal ideeën van de Xerox Alto integreren in de computers Lisa (1983) en de Macintosh (1984), zoals de grafische interface en de muis. Met de Macintosh kwam de computer binnen het bereik van de gewone burger en groeide Apple uit tot een miljardenbedrijf. Xerox kon hier niets tegen beginnen: zij hadden Jobs immers toestemming gegeven om in hun onderzoekslab rond te snuffelen. Het even blinde Stanford Research Institute had Apple voor slechts 40.000 dollar een licentie gegeven voor het gebruik van de technologie van Engelbarts muis. Engelbart kreeg niets.

DE GEBOORTE VAN DE PC #2: DE ALTAIR 8800

Hoewel de hippies in Silicon Valley enthousiast waren over een computer voor persoonlijk gebruik, zagen grote bedrijven zoals Intel, Xerox en IBM er weinig in. Het waren dan ook niet deze elektronicagiganten die zorgden voor de doorbraak van de pc, maar de in hippiekringen verkerende ama-

HOW TO "READ" FM TUNER SPECIFICATIONS
Popular Electronics

WORLD'S LARGEST-SELLING ELECTRONICS MAGAZINE JANUARY 1975/75¢

PROJECT BREAKTHROUGH!
World's First Minicomputer Kit to Rival Commercial Models...
"ALTAIR 8800"   SAVE OVER $1000

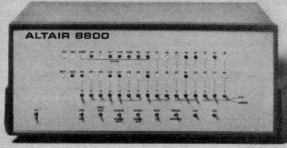

ALSO IN THIS ISSUE:
- An Under-$90 Scientific Calculator Project
- CCD's—TV Camera Tube Successor?
- Thyristor-Controlled Photoflashers

TEST REPORTS:
Technics 200 Speaker System
Pioneer RT-1011 Open-Reel Recorder
Tram Diamond-40 CB AM Transceiver
Edmund Scientific "Kirlian" Photo Kit
Hewlett-Packard 5381 Frequency Counter

Cover van Popular Electronics *uit 1975 met aankondiging van de Altair 8800*
© *Larry Steckler*

teurcomputerknutselaars. De eerste pc die op de markt werd gebracht, de Altair 8800, was speciaal voor hen gemaakt. De Altair 8800 was namelijk geen kant-en-klare computer, maar een bouwpakket: je moest 'm zelf in elkaar zetten.

De bedenker van de Altair 8800 was Ed Roberts (1941-2010), eigenaar van het elektronicabedrijfje MITS in het afgelegen Albuquerque in de staat New Mexico. MITS produceerde aanvankelijk rekenmachines, maar toen grote bedrijven deze goedkoper konden leveren, dreigde MITS failliet te gaan. Met de Altair 8800 wilde Roberts een nieuw product op de markt brengen voor een specifieke doelgroep, waartoe hij ook zichzelf rekende: de computerhobbyisten. Intel had kort daarvoor de 8-bits microprocessor 8080 uitgebracht en Roberts vermoedde dat deze voldoende rekenkracht zou hebben voor een eenvoudige computer. Hij slaagde erin om in een korte tijd een bijzonder primitieve machine in elkaar te zetten.

Het bleek een briljante zet. Elektronicaliefhebbers stonden te springen om een dergelijk product. Het elektronicafanblad *Popular Electronics* pakte er groot mee uit: op het januarinummer van 1975 plaatste het een foto van de Altair op de cover met daarboven in chocoladeletters de kop: 'PROJECT BREAKTHROUGH!' Dat je de computer zelf in elkaar moest zetten, was voor deze hobbyisten geen probleem. Roberts verwachtte in totaal een paar honderd Altairs te verkopen, maar na het coververhaal van *Popular Electronics* had hij al gauw duizenden bestellingen. Sommige hobbyisten reden met campers naar Albuquerque om er zeker van te zijn een exemplaar te kunnen bemachtigen.[107]

De Altair kon bijna niets: er zat geen toetsenbord bij, geen beeldscherm en geen diskettestation. Deze konden er ook niet extern aan worden bevestigd. Het enige wat je ermee kon doen, was handmatig commando's invoeren met behulp van schakelaars, waarvan je het resultaat kon aflezen via knipperende ledlampjes. Elektronicahobbyisten waren echter dolenthousiast: voor het eerst kon je zonder al te veel geld en moeite een eigen computer bezitten die je ook daadwerkelijk iets kon laten doen.

DE HOMEBREW COMPUTER CLUB & DE GEBOORTE VAN DE PC #3: APPLE I

Om te experimenteren met de Altair werden door heel Amerika computerclubs opgericht. Eén van beroemdste clubs was gevestigd in Silicon Valley: de Homebrew Computer Club. Daarvan vond in maart 1975 de eerste bijeenkomst plaats, in de garage in Menlo Park van programmeur Gordon French. Op de flyer om leden te werven, stond: 'Werk jij aan een eigen computer? Terminal, tv-typemachine? I/o-device of een andere magische machine? Als dat zo is, ben je misschien geïnteresseerd in een bijeenkomst met andere mensen die daar ook mee bezig zijn. Wissel informatie uit, deel ideeën, werk mee aan een project of wat dan ook...'[108]

French richtte de Homebrew Computer Club op met Fred Moore. Het was een opmerkelijk koppel, kenmerkend voor Silicon Valley op dat moment: French was een rechttoe-rechtaan programmeur die eerder aan raketgeleidingssystemen had gewerkt, Moore een vredesactivist met lang haar en broeken met wijde pijpen, die eerder een baantje had in de Whole Earth Truck Store van Stewart Brand.[109] French was een nerd die er plezier in had om met elektronica te experimenteren, Moore was vooral geïnteresseerd in de toepassingen van de computer en de mogelijke maatschappelijke impact ervan.

'Wat gaan mensen thuis doen met een computer?' schreef Moore in de eerste nieuwsbrief van de Homebrew Computer Club. 'We hebben de vraag gesteld en de hoeveelheid antwoorden toont aan dat de verbeelding van mensen tot nu toe is onderschat.'[110] Hij somde op: zakelijke toepassingen zoals tekstverwerking, opslag van documenten en het plotten van grafieken, huishoudelijke toepassingen zoals het controleren van de verwarming, het alarm en de tuinsproeiers, maar ook spelletjes, muziek en maatschappelijke zaken, zoals een buurtnetwerk opzetten. Hij sloot de nieuwsbrief af met de voorspelling: 'Ik verwacht dat personal computers op onconventionele manieren gebruikt zullen worden – op manieren die nog niemand heeft bedacht.'[111]

De Homebrew Computer Club groeide snel en verhuisde van Moore's garage naar een zaal van het deeltjesversnellerslab SLAC aan Stanford. De eerste bijeenkomst trok zo'n dertig man, later bracht de computerclub honderden mensen op de been.

Steve — 2/17/75

AMATEUR COMPUTER USERS GROUP
HOMEBREW COMPUTER CLUB . . . you name it.

Are you building your own computer? Terminal? T V Typewriter?
I/O device? or some other digital black-magic box?

Or are you buying time on a time-sharing service?

If so, you might like to come to a gathering of people with like-minded interests. Exchange information, swap ideas, talk shop, help work on a project, whatever . . .

We are getting together Wednesday nite, March 5th, 7 pm at the home of Gordon French 614 18th Ave., Menlo Park (near Marsh Road).

If you can't make it this time, drop us a card for the next meeting.

See ya there, *Fred Moore*

Hope you can come. There will be other Altair builders there.

Uitnodiging voor de eerste meeting van de Homebrew Computer Club in 1975
© Gotanero

Eén van de eerste bezoekers, Steve Dompier, had een Altair weten te bemachtigen en demonstreerde deze aan de andere leden. Hij had ontdekt dat je de Altair aan een transistorradio kon koppelen en vervolgens kon programmeren om muziek af te spelen. Tijdens de bijeenkomst liet hij de computer 'Fool on the Hill' van The Beatles en het kinderliedje 'Daisy Bell' spelen ('Daisy, Daisy / Give me your answer do / I'm half crazy / All for the love of you'). De computergigant IBM had in 1961 voor het eerst een computer muziek laten maken – precies datzelfde liedje 'Daisy Bell'. Nu konden gewone mensen dat ook, liet Dompier zien. De leden van de Homebrew Computer Club waren door het dolle heen en gaven hem een staande ovatie.

Ook Steve Wozniak, een verlegen computerprogrammeur die werkte bij HP, behoorde bij de vroege Homebrew-leden. Tijdens een van de eerste bijeenkomsten kwam hij op het idee om een eigen computer te bouwen die, in tegenstelling tot de Altair, aan een extern beeldscherm en toetsenbord gekoppeld zou kunnen worden. Direct bij thuiskomst begon hij aan een ontwerp. Een paar maanden later was het zover: 'Ik typte een paar letters in op mijn toetsenbord en ik was in shock!' aldus Wozniak. 'De letters verschenen op het beeldscherm.'[112] Trots toonde Wozniak het resultaat aan zijn clubgenoten.

Exemplaar van de Apple I © Ed Uthman

Niet veel later, in april 1976, zou hij samen met zijn vriend Steve Jobs zo'n tweehonderd stuks van deze computer als bouwpakket verkopen aan medehobbyisten. Ze noemden de computer Apple I en verkochten 'm voor 666,66 dollar per stuk (Wozniak hield van 'repeterende cijfers'). De veel fraaier vormgegeven opvolger Apple II werd de eerste volwaardige pc voor consumenten. Er werden verschillende varianten van deze computer uitgebracht, waarvan in totaal zo'n zes miljoen exemplaren werden verkocht.

DELEN OF STELEN?

Al tijdens de eerste bijeenkomst van de Homebrew Computer Club ontstond een 'spontane sfeer van delen,' zo meldde Fred Moore in de eerste Homebrewnieuwsbrief.[113] De hobbyisten klusten uit interesse en voor hun plezier aan computers en beschouwden het resultaat niet als een commercieel product. Lee Felsenstein, de eigenzinnige moderator van de club, drukte de Homebrewleden tijdens de bijeenkomsten op het hart 'meer te geven dan te nemen'.[114] Hij propageerde een cultuur van openheid: kennis was in zijn ogen iets om vrij te delen, om elkaar mee te inspireren en verder te helpen, niet iets om achter te houden voor eigen gewin.

Maar niet iedereen dacht er zo over. Steve Jobs bijvoorbeeld. Hij was de beste vriend van Steve Wozniak en ging soms mee naar Homebrewbijeenkomsten. Jobs was een hippie maar eveneens een gewiekste zakenman met een buitengewoon goede neus voor de commerciële potentie van technologie.[115] Toen Wozniak geheel in de traditie van Homebrew kopieën weggaf van de bouwtekeningen van zijn computer, overtuigde Jobs hem daarmee te stoppen. Als iedereen zo onder de indruk was van zijn ontwerp, waarom zouden ze dan niet proberen de computer te verkopen? 'Zelfs als we geld verliezen, hebben we een eigen bedrijf. Hoe gaaf is dat?' zei Jobs tegen Wozniak om hem over te halen.[116] Wozniak ging akkoord en het duo schreef geschiedenis: Apple is nu een van de belangrijkste techbedrijven ter wereld.

Apple was niet het enige bedrijf dat voortkwam uit de Homebrew Computer Club; zeker 23 bedrijven zijn direct te herleiden tot de idealistische amateurclub waarvan 'delen' het adagium was geweest. Daarnaast kwam de club in conflict met een aanstormende zakenman van buitenaf: de piepjonge Bill Gates, oprichter van Micro-Soft (toen nog met een verbindingsstreepje). Gates had de eerste commerciële software voor de Altair 8800 geschreven, Altair BASIC. Eén Homebrewlid – nooit is opgehelderd wie precies – had een testversie van BASIC in handen gekregen en die in de club laten rondgaan. De testversie werd gretig gekopieerd.

Delen, meenden de hobbyisten. Stelen, meende Gates. Immers, een officiële licentie van Altair BASIC kostte 500 dollar. De negentienjarige Gates ontwaarde in de primitieve Altair 8800 de eerste kiemen van een nieuwe industrie. Hij was gestopt met zijn studie aan Harvard en verhuisd naar een woning nabij het hoofdkantoor van MITS in het afgelegen Albuquerque, met de bedoeling een software-imperium op te bouwen voor de personal computer. Als iedereen zijn software simpelweg zou kopiëren, kon hij wel inpakken.

February 3, 1976

An Open Letter to Hobbyists

To me, the most critical thing in the hobby market right now is the lack of good software courses, books and software itself. Without good software and an owner who understands programming, a hobby computer is wasted. Will quality software be written for the hobby market?

Almost a year ago, Paul Allen and myself, expecting the hobby market to expand, hired Monte Davidoff and developed Altair BASIC. Though the initial work took only two months, the three of us have spent most of the last year documenting, improving and adding features to BASIC. Now we have 4K, 8K, EXTENDED, ROM and DISK BASIC. The value of the computer time we have used exceeds $40,000.

The feedback we have gotten from the hundreds of people who say they are using BASIC has all been positive. Two surprising things are apparent, however. 1) Most of these "users" never bought BASIC (less than 10% of all Altair owners have bought BASIC), and 2) The amount of royalties we have received from sales to hobbyists makes the time spent of Altair BASIC worth less than $2 an hour.

Why is this? As the majority of hobbyists must be aware, most of you steal your software. Hardware must be paid for, but software is something to share. Who cares if the people who worked on it get paid?

Is this fair? One thing you don't do by stealing software is get back at MITS for some problem you may have had. MITS doesn't make money selling software. The royalty paid to us, the manual, the tape and the overhead make it a break-even operation. One thing you do do is prevent good software from being written. Who can afford to do professional work for nothing? What hobbyist can put 3-man years into programming, finding all bugs, documenting his product and distribute for free? The fact is, no one besides us has invested a lot of money in hobby software. We have written 6800 BASIC, and are writing 8080 APL and 6800 APL, but there is very little incentive to make this software available to hobbyists. Most directly, the thing you do is theft.

What about the guys who re-sell Altair BASIC, aren't they making money on hobby software? Yes, but those who have been reported to us may lose in the end. They are the ones who give hobbyists a bad name, and should be kicked out of any club meeting they show up at.

I would appreciate letters from any one who wants to pay up, or has a suggestion or comment. Just write me at 1180 Alvarado SE, #114, Albuquerque, New Mexico, 87108. Nothing would please me more than being able to hire ten programmers and deluge the hobby market with good software.

Bill Gates
Bill Gates
General Partner, Micro-Soft

Bill Gates' beroemde brief uit 1976 aan de hobbyisten van de Homebrew Computer Club

Op 3 februari 1976 schreef Gates daarom een woedende brief aan de Homebrew Computer Club. 'Zoals jullie waarschijnlijk wel weten, stelen de meeste hobbyisten hun software,' aldus de cynische Gates in zijn inmiddels legendarische brief. 'Voor hardware moet betaald worden, maar software is iets om te delen. Wie kan het schelen of de mensen die het hebben gemaakt worden betaald?'[117] De ontwikkeling van BASIC had hem 40.000 dollar gekost, schreef Gates, en hij zou het op prijs stellen als de hobbyisten hem daarvoor zouden compenseren. Niemand gaf gehoor. Sterker nog, de hobbyisten vonden het absurd om software als eigendom te beschouwen en hadden grote vraagtekens bij Gates' kostenplaatje – zij deden soortgelijk werk immers in hun vrije tijd, zonder financiële compensatie.

Gates' brief markeerde het begin van de commercialisering van de pc- en softwaremarkt, die al snel uitgroeide tot een miljardenindustrie. Het ging niet langer om het belangeloos delen van kennis, maar om het effectief exploiteren van innovatie om de markt te domineren. Bill Gates en Steve Jobs hadden dit al vroeg door. Zo was Jobs er trots op dat hij munt had weten te slaan uit zijn bezoek aan Xerox PARC. 'Good artists copy, great artists steal,' zei hij hierover – goede kunstenaars kopiëren, grote kunstenaars stelen. 'Wij [van Apple] zijn altijd schaamteloos geweest als het ging over het stelen van geweldige ideeën', aldus Jobs.[118]

Met de Apple II zou Apple de pc-markt tot 1980 domineren, maar het verloor zijn positie als marktleider toen de gevestigde elektronicagigant IBM in 1981 een goedkopere personal computer uitbracht. De IBM-pc werd de nieuwe standaard-pc en talloze andere elektronicabedrijven brachten soortgelijke computers uit. Met uitzondering van de Apple-computers draaiden vrijwel alle pc's op MS-DOS, het besturingssysteem van Microsoft van Bill Gates, dat Gates op zijn beurt weer voor een schijntje had gekocht van een onbekende programmeur uit Seattle. Microsoft groeide uit tot veruit de grootste softwaregigant. Jobs en Gates zouden jarenlang strijden om dominantie in de computermarkt – een vete die publiekelijk en op uiterst persoonlijk wijze werd uitgevochten.

Na MS-DOS ontwikkelde Gates Windows: software met een gebruiksvriendelijke grafische interface van schermen, iconen, scrollbars en menu's. Gates had een soortgelijke grafische interface gezien bij Apple, toen hij voor Jobs aan een softwareproject werkte in een tijd dat de verhoudingen nog niet waren verzuurd. Toen Jobs voor het eerst Windows uitprobeerde, was hij buiten zinnen van woede. Hij beschuldigde Gates van diefstal. Maar Gates herinnerde Jobs er fijntjes aan dat Jobs de grafische interface zelf had afgekeken bij Xerox PARC. 'Ik zie het zo: we hadden allebei een rijke buurman genaamd Xerox,' aldus Gates, 'en toen ik bij hem inbrak om zijn televisie te stelen, kwam ik erachter dat jij 'm al gestolen had.'[119] Er volgde een jarenlange juridische strijd, waarbij Apple uiteindelijk aan het kortste eind trok. De *look and feel* van een product, waaraan Jobs zoveel waarde hechtte, bleek juridisch moeilijk te beschermen.

Techbedrijven zijn nog altijd als de dood dat een concurrent met hun ideeën aan de haal gaat. Werknemers in Silicon Valley moeten daarom vaak *non-disclosure agreements* (NDA's) ondertekenen, contracten waarin zij geheimhouding beloven. Alle uitvindingen worden dichtgetimmerd met patenten en als ook maar het kleinste vermoeden bestaat dat er intellectueel eigendom is geschonden, slepen techbedrijven elkaar voor de rechter. Er is in Silicon Valley in de afgelopen decennia een leger aan gespecialiseerde advocaten opgestaan die techbedrijven in dit soort rechtszaken bijstaan. Intellectueel eigendom-advocaten vormen inmiddels een industrie op zichzelf.

De laatste jaren concentreert de juridische strijd om intellectueel eigendom in Silicon Valley zich vooral op de smartphone.[120] Met de iPhone zette Apple in 2007 een product in de markt dat de manier waarop mensen communiceren diepgaand zou veranderen. Maar het bedrijf bleef niet lang de enige speler in deze markt. Nog voordat Apple de iPhone uitbracht, werkte Google achter de schermen al aan Android, een concurrerend besturingssysteem voor smartphones. Jobs voelde zich wederom verraden, niet alleen omdat hij zich bestolen voelde, maar ook omdat hij zich eerder als een mentor had ontfermd over de Google-oprichters Larry Page en Sergey Brin. Hij onderhield bovendien een vriendschappelijke relatie met de toenmalig Google-CEO Eric Schmidt, die op dat moment nota bene in het bestuur van Apple zat. Tot dan toe waren Apple en Google geen concurrenten geweest, maar vanaf nu waren de twee aartsrivalen. 'Als het moet, besteed ik elke cent van de veertig miljard dollar op de bankrekening van Apple om dit onrecht ongedaan te maken,' aldus Jobs.[121]

In maart 2010 trapte Apple af met een reusachtige rechtszaak wegens het schenden van patenten tegen HTC, op dat moment de grootste producent van Androidsmartphones. Een aantal maanden later sloegen de mensen van HTC terug met een rechtszaak tegen Apple: volgens hen had Apple zélf patenten geschonden. In de jaren daarop sleepten vrijwel alle grote smartphoneproducenten elkaar voor de rechter in de hoop hun positie in de explosief groeiende smartphonemarkt veilig te stellen: Apple, Google, Samsung, Microsoft, Nokia, Motorola, HTC, Sony en nog vele anderen.[122] Deze smartphonepatentenoorlog woedt tot op heden door.

Apple mag dan zijn voortgekomen uit de open cultuur van de Homebrew Computer Club, het opereert tegenwoordig als een uitermate gesloten bedrijf. Medewerkers werken op een *need-to-know*-basis: ze krijgen uitsluitend informatie die strikt noodzakelijk is om hun werk te kunnen doen. Als er aan een nieuw product wordt gewerkt, kan het kantoor van de ene op de andere dag volledig worden gereorganiseerd: ooit transparante vensters worden afgeplakt, badges van medewerkers geven zonder nadere toelichting opeens geen toegang meer tot bepaalde ruimtes. Vragen stellen is uit den boze: als je niets weet, hoef je niets te weten. Als je wél op de hoogte bent van wat er speelt, is het lekken van informatie naar niet-geaccrediteerde medewerkers binnen het bedrijf – laat staan naar de pers – reden voor ontslag op staande voet.[123] 'Ik ben uit mijzelf heel nieuwsgierig, maar zodra ik bij Apple binnenloop, schakel ik mijn nieuwsgierigheid uit,' vertelt een Appleprogrammeur (uiteraard op voorwaarde van volledige anonimiteit). 'Zelfs van oude studievrienden die ook bij Apple werken, heb ik geen flauw idee waar zij mee bezig zijn. Ik wil dat ook niet weten. Dat is in alle opzichten gemakkelijker, dan kun je er ook niet van worden beschuldigd dat je iets hebt gelekt.'

DELEN: OPENSOURCESOFTWARE, CROWDSOURCING EN WIKIPEDIA

Is er nog wat over van de hippiecultuur in Silicon Valley? Of gaat het alleen nog over geld en belangen, die worden verdedigd met geheimhoudingscontracten en rechtszaken? Ja en nee. Bedrijven zijn als de dood dat concurrenten er met hun ideeën vandoor gaan, maar toch speelt het ideaal van delen binnen veel bedrijven in Silicon Valley nog altijd een centrale rol. Dat delen kan zijn ingegeven door idealistische doelstellingen – de overtuiging dat delen op zichzelf een groot goed is, zoals Lee Felsenstein uitdroeg in de Homebrew Computer Club – maar ook door de opvatting dat delen een bedrijf verder helpt.

Google is daarvan een goed voorbeeld. Werknemers van dit bedrijf worden aangemoedigd om samen te werken; notulen en mailinglijsten van andere teams zijn voor iedereen toegankelijk. Op een wekelijkse, informele informatiesessie genaamd *Thank God It's Friday* (TGIF) praten Google-oprichters Page en Brin alle werknemers in een halfuur bij over de laatste stand van zaken. Alle Google-medewerkers van over de hele wereld kunnen de TGIF volgen via een livestreamverbinding en mogen vragen stellen aan de oprichters.[124] 'We delen alles en vertrouwen erop dat onze werknemers verantwoord met deze informatie omgaan,' aldus Laszlo Bock, hoofd personeelsmanagement bij Google.[125] Toch worden ook binnen Google de meest experimentele projecten uit concurrentieoverwegingen geheimgehouden, zoals vrijwel alle projecten van het geheime onderzoekslab Google x. Het bedrijfsbelang staat voorop: in principe wordt informatie gedeeld, tenzij de bedrijfsrisico's te groot zijn.

In Silicon Valley wordt ook volop informatie uitgewisseld op publieke bijeenkomsten.[126] Vrijwel elke avond kun je een techgerelateerde meeting bezoeken over bijvoorbeeld een specifieke programmeertaal of technisch vraagstuk. Tijdens dit soort sessies wordt doorgaans vrijuit gebrainstormd. De bijeenkomsten zijn niet geheel belangeloos; het is een uitstekend manier om te netwerken en op de hoogte te blijven van wat er speelt. Maar tegelijkertijd zijn bezoekers in hoge mate bereid om anderen te helpen. Netwerken betekent in Silicon Valley namelijk: kijken hoe je anderen kunt helpen, zonder er direct iets voor terug te verwachten. Het wordt ook wel de *pay it forward*-cultuur genoemd: als je je kennis belangeloos deelt en anderen helpt om problemen op te lossen of aan een goed contact helpt, zal je er op lange termijn waarschijnlijk iets voor terugkrijgen. Je weet nooit hoe een koe een haas vangt.

Een andere, meer technische manier waarop de cultuur van delen in Silicon Valley voortleeft, is het gebruik van opensourcesoftware. Bij deze software wordt de broncode vrijgegeven zodat iedereen de code naar eigen inzicht kan gebruiken, toepassen en aanpassen. Achteraf is vaak niet precies duidelijk wie voor welk deel van de software verantwoordelijk is, maar daar gaat het in de opensourcewereld niet om: als iedereen zijn kennis deelt, profiteert iedereen daarvan, zo luidt de filosofie.[127] Het besturingssysteem Linux is hier een voorbeeld van.

Overigens zijn er in opensourcesofteware allerlei gradaties van openheid, en hoeft de keuze voor dit type software zeker niet alleen te zijn ingegeven door idealisme. Bij Google's mobiele besturingssysteem Android werd bijvoorbeeld voor opensourcesoftware gekozen om een product snel te ontwikkelen en zo rap mogelijk marktaandeel te veroveren. Deze strategie was bijzonder succesvol: 80 procent van alle smartphones wereldwijd draait inmiddels op Android.[128] Om diezelfde reden besloot ondernemer Elon Musk in 2014 de patenten van zijn elektrische autobedrijf Tesla vrij te geven.[129] Als er meer concurrenten de elektrische automarkt betreden, zal deze markt sneller groeien, is het idee. En daarvan profiteert ook Tesla.

Het bekendste opensourceproject is zonder meer de online-encyclopedie Wikipedia. Wikipedia is in 2001 opgericht als een onderdeel van Wikimedia, een in San Francisco gevestigde non-profitorganisatie. De software van Wikipedia is opensource en ook de inhoud van de encyclopedie is vrij toegankelijk: de lemma's worden geschreven door onbetaalde vrijwilligers en iedereen kan aanpassingen maken of suggesties doen.[130] Het is een directe verwezenlijking van Douglas Engelbarts droom van 'collectieve intelligentie': een gratis encyclopedie voor en door iedereen.

Veel mensen dachten dat een dergelijk project in chaos zou verzanden. Het tegendeel bleek waar: Wikipedia groeide binnen *no time* uit tot een waardevol naslagwerk; volgens een onderzoek in het wetenschappelijk tijdschrift *Nature* is de betrouwbaarheid van Wikipedia zelfs vergelijkbaar met de Britannica-encyclopedie.[131] Dat betekent niet dat er nooit slordigheden of fouten op Wikipedia belanden, iedereen kan immers in de lemma's knoeien. Maar fouten worden, als het goed is, snel door de Wikipediagemeenschap rechtgezet. Waarom doen deze mensen dat? 'Mensen werken niet gratis, maar zijn wel bereid om allerlei gave, interessante, leuke, creatieve dingen gratis te doen, als ze daar plezier aan beleven en het iets voor ze betekent,' aldus Wikipedia-oprichter Jimmy Wales. 'Voor sommige vrijwilligers is het liefdadigheidsconcept belangrijk, de gemeenschappelijke inzet om anderen verder te helpen. Maar de meesten vinden het gewoon leuk om te doen.'[132]

Wikipedia is tegenwoordig een van de populairste websites ter wereld. Met 516 miljoen unieke bezoekers per maand stond de site in 2013 op de zesde plaats van de meest bezochte websites wereldwijd, direct onder de miljardenbedrijven Google, Facebook, YouTube en Yahoo en de Chinese zoekmachine Baidu.[133] Het opmerkelijke is dat Wikipedia hier in financieel opzicht niets aan overhoudt – de site is gratis toegankelijk en heeft geen advertenties. Alle inkomsten komen binnen via donaties, waarmee de organisatie de kosten voor technisch onderhoud dekt. In 2013 lagen deze kosten op 35 miljoen dollar, een schijntje voor een website van dat formaat.[134] Het verdienmodel is uitzonderlijk; onder de veertig best bezochte sites wereldwijd is Wikipedia de enige non-profitorganisatie. Maar geld is niet waar het om gaat bij Wikipedia; alles staat in teken van het hogere doel, het delen van kennis.

INTERNET EN HET WORLD WIDE WEB

Wat is internet eigenlijk? In het dagelijks leven gebruiken we 'internet' en het 'web' vaak door elkaar, maar eigenlijk zijn het twee verschillende dingen. Internet is de basistechnologie die computers met elkaar laat communiceren. Het is een reusachtig netwerk van netwerken, dat de hele aarde omspant. Het world wide web (www) is een technologie die via internet verloopt en het mogelijk maakt om websites te bezoeken; net zoals e-mailsystemen, videostreaming en chattechnologie via internet verlopen. Nauwer gedefinieerd is het www het geheel van websites die via hyperlinks met elkaar verbonden zijn.

De eerste versie van internet, ARPANET, werd in de jaren zestig ontwikkeld door het Amerikaanse ministerie van Defensie.[135] In 1983 stapte ARPANET over naar een ander netwerkprotocol genaamd TCP/IP, ontwikkeld door Vinton Cerf en Bob Kahn. Dat protocol vormt nog altijd de basis van ons huidige internet. Het interessante aan internet is dat de fysieke infrastructuur (de kabels en de servers) weliswaar in handen van private partijen kunnen zijn, maar dat het internet van 'niemand' is. Als ergens een server uitvalt of een kabel stuk gaat, nemen de informatiestromen simpelweg een andere route. Dat maakt het een robuust systeem.

De technologie achter het world wide web werd in 1991 ontwikkeld door Tim Berners-Lee in het in Zwitserland gelegen onderzoeksinstituut CERN. Het was bedoeld om eenvoudig informatie te kunnen uitwisselen met andere onderzoeksinstellingen. CERN had de allereerste website ter wereld, daarna volgden het Stanfordlab SLAC en het Nationaal instituut voor subatomaire fysica Nikhef. Nadat het Amerikaanse onderzoekscentrum NCSA in 1992 de grafische webbrowser Mosaic had ontwikkeld, werd het veel eenvoudiger om het web te gebruiken. Op 30 april 1993 stelde CERN het www vrij beschikbaar in het publieke domein.

INTERNETVRIJHEID & ELECTRONIC FRONTIER FOUNDATION

Internet en het world wide web werden in de jaren negentig beschouwd als een weg naar een nieuwe, betere wereld. De verwachtingen waren hooggespannen: mensen zouden zich vrij kunnen uiten, los van de gevestigde belangen van de elite. Ze zouden met elkaar in contact kunnen komen en zich vrij kunnen organiseren, ongeacht leeftijd, geslacht, uiterlijk, status of klasse. Iedereen zou kennis kunnen delen en er onbelemmerd toegang tot hebben. Er zou een einde komen aan de bestaande machtsverhoudingen en een nieuw tijdperk aanbreken, dat meer verbonden, socialer en democratischer zou zijn.[136]

Het in 1993 in San Francisco opgerichte tijdschrift *Wired* groeide uit tot het lijfblad van deze internet-utopisten. Veel vroege *Wired*-auteurs, onder wie Stewart Brand, waren eerder betrokken bij *Whole Earth Catalog* en projecteerden hun grote verwachtingen van technologie nu op het internettijdperk. De cover van het nummer uit juli 1997 spreekt boekdelen: net als bij *Whole Earth Catalog* is de hele aarde afgebeeld, maar nu als een reusachtige smiley met een bloemetje dat uit de mondhoek hangt. 'THE LONG BOOM', luidde de kop, met als ondertitel: '*We're facing 25 years of prosperity, freedom, and a better environment for the whole world. You got a problem with that?*'[137]

In de praktijk bleken de maatschappelijke gevolgen van internet niet alleen positief. Door internet konden burgers over de hele wereld weliswaar met elkaar communiceren en informatie delen, maar het was ook een nieuwe manier van overheden om burgers te censureren, af te luisteren en propaganda te verspreiden.[138] Criminelen en terroristen zijn actief op internet, en het is niet duidelijk hoever het mandaat van de politie reikt om te mogen ingrijpen. En dan is er nog het bedrijfsleven dat invloed probeert uit te oefenen door surfgedrag te volgen of geld te verdienen door ongevraagd gegevens te verzamelen en door te verkopen. Het 'vrije internet' is kortom zo vrij nog niet, of in elk geval voorzien van de nodige haken en ogen.

Cover Wired Magazine *uit 1997 over The Long Boom*

In reactie op deze donkere kanten van het internet ontstonden er verschillende actiegroepen om het ideaal van het vrije internet te verdedigen. De eerste en grootste is de Electronic Frontier Foundation (EFF), opgericht in 1990 in San Francisco. Het wereldwijde web bestond toen nog niet, maar er waren al voorlopers van online communicatie, zoals 'WELL' (*Whole Earth 'Lectronic Link*). Dit forum verliep via het Bulletin Board System (BBS), waarmee computers via een inbelverbinding gegevens konden uitwisselen. De oprichters van EFF, Mitch Kapor, John Gilmore en John Perry Barlow, kenden elkaar via WELL. Ze maakten zich zorgen over een reeks van politieacties tegen hackers (dat zijn niet per definitie computercriminelen; hierover straks meer). In hun ogen begreep de politie niets van online communicatie en dreigden de hackers ten onrechte te worden veroordeeld.[139] Met de EFF wilden ze een 'eerste verdedigingslinie' opzetten 'als onze vrijheden in de digitale wereld worden bedreigd'.[140] Tegenwoordig is de EFF de grootste en bekendste waakhond van een vrij internet. De organisatie zet zich in voor vrijheid van meningsuiting, privacy en hervorming van auteursrecht.

Inmiddels heeft vrijwel elk land eigen digitale burgerrechtenorganisaties. In Nederland heb je bijvoorbeeld Bits of Freedom, bekend van onder meer de 'Big Brother Awards' voor de grootste Nederlandse privacyschender. Er zijn ook internationale clubs voor internetvrijheid zoals het Global Internet Freedom Consortium en de International Freedom of Expression Exchange. Deze actiegroepen hebben vaak een sterk juridische inslag. Bij technologische vooruitgang loopt wetgeving vaak achter de feiten aan; deze organisaties proberen hierop in te springen en ervoor te zorgen dat burgerrechten ook online gehandhaafd worden. Naast digitale burgerrechtenorganisaties zijn er ook andere belanghebbenden die wetgeving naar hun hand proberen te zetten, zoals lobbygroepen van bedrijven, opsporingsdiensten en copyright- en privacyorganisaties.

De slag om de controle van het internet speelt zich grotendeels binnenskamers af, maar af en toe wordt de strijd publiekelijk uitgevochten. Dat gebeurde bij de Stop Online Piracy Act (SOPA), een omstreden wetsvoorstel uit 2012 dat internetpiraterij aan banden moest leggen. De film- en muziekindustrie, uitgevers en farmaceutische bedrijven steunden het voorstel. Maar volgens digitale burgerrechtenorganisaties en veel techbedrijven zou SOPA het veel te gemakkelijk maken om websites te laten blokkeren en ging het in feite om censuur. Hoewel het om een complexe juridische kwestie ging, lukte het actiegroepen om de aandacht te vestigen op de bezwaren tegen SOPA. 'Het internet moet open en vrij blijven,' meldden zij collectief. Er circuleerden petities op internet, in verschillende Amerikaanse en Europese steden vonden demonstraties plaats en duizenden techbedrijven, waaronder Google en Twitter, plaatsten banners tegen het wetsvoorstel op hun website. De Engelstalige versie van Wikipedia ging uit protest zelfs een dag op zwart. De acties hadden succes, SOPA sneuvelde zowel in het Amerikaanse Congres als in het Europees Parlement. De EFF en andere internetactiegroepen vierden wereldwijd feest.

HACKERS

Om de idealen van de techgemeenschap beter te begrijpen, is het nuttig om te kijken naar een specifieke subcultuur: de hackers. In de media wordt 'hacker' soms gebruikt als synoniem voor computercrimineel, maar in techkringen heeft het woord een bredere en doorgaans positieve betekenis.

De associatie van hackers met computercriminelen is begrijpelijk; de bekendste vorm van hacken is namelijk inbreken. Alleen breken hackers niet in om te stelen maar om te kijken of het ze lukt om de beveiliging te slim af te zijn. Een klassieke hackerhobby is *lockpicking*: het kraken van een echt, fysiek slot, zonder het slot te beschadigen. Het vraagt veel oefening en technisch inzicht om een slot met simpel gereedschap open te krijgen; lockpicking wordt onder hackers daarom ook wel gezien als een kunst. In lockpickingwedstrijden gaat het erom als eerste een slot open te krijgen – een los slot, geen slot dat ergens toegang toe geeft. Maar lockpickingtechnieken kunnen uiteraard ook door echte inbrekers worden ingezet. In sommige delen van de VS is daarom alleen al het bezitten van lockpickinggereedschap verboden.[141]

Een andere bekende activiteit van hackers is het misleiden van telefoonsystemen. Nog voordat Steve Jobs en Steve Wozniak Apple oprichtten, verkocht het duo de 'blue box', een apparaatje dat telefoonsignalen nabootste waardoor je gratis internationale telefoongesprekken kon voeren. De twee haalden er allerlei ongein mee uit. Zo belde Wozniak eens naar het Vaticaan en deed alsof hij de toenmalige minister van Buitenlandse

Zaken Henry Kissinger was. Hij vroeg of hij de Paus kon spreken. Uiteindelijk kreeg Wozniak een hoge bisschop aan de lijn, die hem vroeg later terug te bellen omdat de Paus nog sliep. Wozniak vond het hilarisch; Jobs zag het grotere plaatje. 'Wij hadden met zijn tweeën iets gemaakt waarmee we miljarden dollars aan infrastructuur konden beheersen,' aldus Jobs. 'Dat was een sensationele gedachte.'[142]

Journalist Steven Levy schreef in zijn inmiddels klassieke werk *Hackers* uit 1984 voor het eerst over hackers als een subcultuur. Daarbij had hij veel oog voor de ideologische motieven. In zijn boek vatte hij de idealen van de hackers puntsgewijs samen in wat hij de *hacker's ethic* noemde:

1 Toegang tot computers moet onbeperkt en volledig zijn.
2 Alle informatie moet vrij zijn.
3 Wantrouw autoriteit – promoot decentralisatie.
4 Hackers beoordelen elkaar op hun hacks en niet op onzinnige criteria als diploma's, leeftijd, ras of status.
5 Met een computer kun je kunst en schoonheid creëren.
6 Computers kunnen levens ten goede veranderen.[143]

Levy zag hackers als activisten die de wereld met technologische middelen beter en mooier willen maken en zich inzetten voor idealen als het delen van kennis, transparantie, gelijkheid en vrijheid van informatie. Politiek gezien ligt de filosofie van de hacker het dichtst bij het libertair of anarchistisch gedachtegoed: zo min mogelijk regels van bovenaf, maximale vrijheid van het individu.

Brian Harvey, een van de hackers die voorkomt in Levy's boek en tegenwoordig computerwetenschapper is aan de universiteit van Berkeley, vond Levy's omschrijving van hackers wat hoogdravend. Zijn omschrijving van hackers is minder idealistisch: 'Een hack kan van alles zijn; van een practical joke tot een briljant computerprogramma,' aldus Levy. 'Maar wat het ook is, een goede hack is perfect uitgevoerd. Als je besluit om de kamer van een studiegenoot ondersteboven te keren, is het niet voldoende om de meubels aan het plafond vast te maken. Je moet ook alle papiertjes op het bureau vastlijmen, op precies dezelfde manier waarop de bewoner die had achtergelaten.'[144] Technische vaardigheden zijn belangrijk in de hackercultuur, stelt Harvey: 'Een hacker leeft en ademt computers, weet alles van computers en kan computers alles laten doen.'[145] Maar net zo belangrijk is zijn houding: 'Programmeren is voor hackers een hobby, iets wat ze voor de lol doen en niet uit verplichting of voor het geld. Het is oké om geld te verdienen, maar dat mag niet de reden zijn om te hacken.'[146]

De *hacker's ethic* zoals beschreven door Levy, is nog altijd terug te vinden in Silicon Valley. De EFF strijdt bijvoorbeeld voor vrijheid van informatie, een ideaal dat in Silicon Valley hoog in aanzien staat. Ook de toegang tot technologie wordt belangrijk gevonden. Google en Facebook hebben bijvoorbeeld ambitieuze projecten om afgelegen plekken op de wereld toegang te geven tot internet.[147]

Critici zeggen dat techbedrijven dit uitsluitend doen om meer gebruikers te winnen, maar het ideaal van vrije toegang speelt net zo goed een rol. 'Hacken' wordt ook wel gebruikt om een bepaalde werkwijze te omschrijven: het kraken van een systeem, het op een onconventionele manier snel iets nuttigs of grappigs in elkaar zetten.

Ook het competitieve karakter van hackers speelt een rol in Silicon Valley. Door een grapje te verstoppen in programmeertaal, kunnen hackers hun technische skills tonen. Bijzonder populair in Silicon Valley zijn 'hackathons'. Een hackathon – een samentrekking van 'hack' en 'marathon' – is een wedstrijd waarbij hackers in korte tijd, meestal in een weekend, iets nieuws in elkaar zetten, zoals een app. Wie volgens de jury het beste of origineelste product maakt, wint. Hackathons kunnen informele bijeenkomsten zijn van vrienden die al programmerend een nacht doorhalen, maar er zijn ook grote, gesponsorde hackathons waarbij duizenden hackers het tegen elkaar opnemen en er grote geldprijzen zijn te winnen.[148] Geld is dan wellicht niet de belangrijkste reden om te hacken, maar ook niet geheel onbelangrijk.

DOE-HET-ZELF: DE MAKER MOVEMENT

Het ideaal om je eigen omgeving te scheppen, zoals uitgedragen door de *Whole Earth Catalog*, is nog altijd springlevend in Silicon Valley. Naast computers zijn ook andere knutselprojecten populair, zoals meubels maken, je eigen robot bouwen, sieraden 3D-printen of groenten verbouwen. Chris

Anderson, oprichter van het dronebedrijf 3D-robotics en oud-hoofdredacteur van Wired, noemt deze hang naar doe-het-zelven de 'Maker Movement'.[149]

Mitch Altman met Brain Machine © Dylan Tweney

Speciaal voor aanhangers van de Maker Movement is er het *Make Magazine*, een tijdschrift voor ambitieuze doe-het-zelvers. Het werd in 2005 opgericht door de in Silicon Valley invloedrijke uitgever O'Reilly Publishers en heeft tegenwoordig 125.000 abonnees. *Make Magazine* maakte 3D-printers populair; printers waarmee je elke vorm digitaal kunt ontwerpen en vervolgens in 3D kunt laten printen. Voor het zwaardere werk zoals meubels geeft het blad instructies hoe je CNC-machines (computergestuurde freesmachines) en lasersnijders kunt bedienen, waarvan de ontwerpprogramma's sinds kort ook voor niet-experts toegankelijk zijn. Voor robotica propageerde het blad Arduino-boards; gebruiksvriendelijke controllers waaraan je allerlei sensoren kunt koppelen. Het vlaggenschip van *Make Magazine* is de Maker Faire, een jaarlijks festival waar fanatieke klussers elkaar hun creaties laten zien en de 'kunsten, ambachten, techniek, wetenschap en de doe-het-zelf-*mindset*' worden gevierd.[150]

Apparaten als 3D-printers en CNC-machines kun je natuurlijk zelf aanschaffen, maar je kunt daarvoor ook terecht bij *hacker*- of *makerspaces*. Dat zijn speciale werkruimtes waar hackers en klussers elkaar ontmoeten. Noisebridge in San Francisco is zo'n plek.[151] Je kunt er werken aan software- en hardwareprojecten, maar er worden ook avonden georganiseerd rondom biotechnologie, mode, kunst, eten, politiek en journalistiek. Je vindt er allerlei gereedschap en materiaal om mee te werken: 3D-printers, naaimachines, soldeerbouten, printplaten, houtbewerkingsapparaten, afgedankte tv's en losse computeronderdelen. In een hoek staat een gehackte telefoon waarmee je gratis wereldwijd kunt bellen en er is een bibliotheek vol technische en politieke boeken.

Noisebridge is opgericht in 2007 door de activistische hacker Jacob Appelbaum en de hippie/nerd Mitch Altman. Appelbaum was in 2010 betrokken bij Wikileaks; uit angst voor vervolging in de VS woont hij tegenwoordig in Berlijn. Altman – een vijftiger met roze, blauw en groen geverfd haar – is nog wel regelmatig in Noisebridge te vinden. Elke maandag geeft hij soldeerles en toont zijn projecten aan bezoekers. De TV-B-Gone bijvoorbeeld, een afstandsbediening waarmee je elke televisie in publieke ruimtes kunt uitschakelen. Of de '*brain machine*', een bril die visuele feedback geeft op basis van je hersengolffrequenties, waardoor je jezelf in hypnose kunt brengen. 'Noisebridge voelt voor mij als thuiskomen,' vertelt Altman. 'Als kind werd ik gepest. Ik was een nerd, een buitenstaander. Hier is een hele groep van mensen zoals ik.'

Het idealistische Noisebridge draait op vrijwillige donaties, maar er zijn in Silicon Valley ook commerciële doe-het-zelfclubs. Zo werd in 2006 in Menlo Park de Techshop geopend, een machinewerkplaats waar je tegen betaling toegang krijgt tot geavanceerde apparatuur en ontwerpsoftware. Inmiddels is het een landelijk opererende keten van machinewerkplaatsen.[152]

Ook hier hangt een vrolijke sfeer. Bij de ingang van het Techshopfiliaal in Menlo Park hangt een bord met de vraag: 'Wat zou jij willen maken?' Met een stift hebben de bezoekers verschillende antwoorden genoteerd: 'een ruimteschip', 'een voedselreplicator', 'een tijdmachine' en, als het even kan, 'een vriendin'. Er wordt bij Techshop ook aan commerciële projecten gewerkt. Zo werden er de prototypes ontwikkeld voor het bedrijf Square: een opzetstuk voor smartphones en tablets waarmee creditcardbetalingen kunnen worden gedaan. Square is inmiddels vijf miljard dollar waard.

Noisebridge workshop voor Newbies in 2011

BURNING MAN

De communes voor wie Stewart Brand *Whole Earth Catalog* samenstelde bestaan niet meer, maar als er iets is wat in de buurt komt van de idealen uit die tijd, is dat het Burning Man-festival. Tijdens Burning Man verrijst er één keer per jaar, midden in de woestijn, gedurende een week een volledig zelfgebouwde en zelfvoorzienende stad, genaamd Black Rock City. Het is een utopische plek waarin alles draait om creativiteit, doe-het-zelven, experimenteren en delen. Veel mensen uit de techindustrie gaan hier een keer per jaar helemaal los.

Burning Man begon in 1986 tijdens een wild feest op het strand in San Francisco. De mythe wil dat de eerste 'Burners' (want zo worden de festivalbezoekers genoemd) een streep trokken in het zand: wie over de streep stapte, kwam in een experimentele samenleving terecht waarin de sociale conventies niet langer golden. Initiatiefnemer Larry Harvey had een houten pop gebouwd van tweeënhalve meter hoog en stak deze tijdens het hoogtepunt van het feest in brand. Waarom, wil hij niet zeggen. 'Iedereen mag er zijn eigen betekenis aan geven,' verklaart hij in latere interviews.

Het feest, inclusief het verbranden van de pop, zou voortaan elk jaar plaatsvinden. Door de grote toeloop werd het al gauw verplaatst naar een verlaten plek in de woestijn in Nevada, net over de grens van Californië. Tegenwoordig is Burning Man een zevendaags festival met meer dan zestigduizend bezoekers.

Burning Man is anders dan elk ander festival. Het verbranden van de 'man' is het enige vaste programmaonderdeel, verder is er niets geregeld. Er zijn geen bands of acts (niet gepland althans), er zijn geen eetstandjes of sanitaire voorzieningen, er is geen stromend water of elektriciteit. Black Rock City, de stad waar Burning Man plaatsvindt, moet door de festivalgangers zelf worden gebouwd. Ze nemen alles mee wat zij nodig hebben en zijn zelf verantwoordelijk voor wat er tijdens het festival gebeurt. Wil je douchen? Dat kan, maar dan moet je een eigen douche bouwen. Wil je internet? Dat kan, maar dan moet je dat zelf organiseren.

Een centraal uitgangspunt van Burning Man is de 'cultuur van delen'. Geld is verboden en je kunt niets kopen; iedere bezoeker wordt geacht zelf iets bij te dragen aan het festival. Je kunt eten of drinken meebrengen, je als vrijwilliger aanmelden bij de EHBO, voetmassages geven, bodypainten, een performance geven of muziek maken. Sommige Burners werken maandenlang aan uitzinnige wagens waarop festivalgangers zich kunnen laten rondrijden, of bouwen reusachtige kunstwerken. De cultuur van delen gaat uit van het principe dat Lee Felsenstein uitdroeg bij de Homebrew Computer Club: als iedereen meer geeft dan neemt, kunnen er fantastische dingen ontstaan.

Onder de festivalgangers, door een bezoeker omschreven als een mix van 'artiesten, hippies, queers, deadheads, pyromanen, cybernauten, muzikanten, ecofreaks, LSD-gebruikers, punks, wapenfans, SM- en bondageliefhebbers, nudisten, anarchisten, ravers, transgenders en new age-aanhangers',[153] bevinden zich ook veel mensen uit de techgemeenschap. Zo deden Silicon Valley-grootheden als Tesla-oprichter Elon Musk, Facebook-oprichter Mark Zuckerberg en Google-oprichters Larry Page en Sergey Brin het festival aan.

Page schrijft de aantrekkingskracht van Burning Man toe aan het experimentele karakter van het festival: 'We willen niet dat onze wereld té snel verandert,' aldus Page tijdens een Google-conferentie. 'Maar we kunnen wel een stukje van de wereld afzonderen van de rest. Ik bezoek bijvoorbeeld graag Burning Man: dat is een veilige, afgezonderde plek waar mensen vrij kunnen experimenteren.'[154] Een van de redenen dat Page en Brin in 2001 Eric Schmidt aanstelden als CEO, was dat Schmidt net als zij Burning Man bezocht.[155] Iemand die gek genoeg is om naar Burning Man te gaan, was in hun ogen bij uitstek geschikt om een innovatief bedrijf als Google te leiden.

IDEALISME BIJ TECHBEDRIJVEN: 'DON'T BE EVIL'

De hippiecultuur nam in Silicon Valley een specifieke, op technologie gerichte vorm aan, bleek in dit hoofdstuk. Zo maakte Stewart Brand met de *Whole Earth Catalog* het idee populair om door middel van technologie een betere wereld te creëren. Douglas Engelbart introduceerde het idee van collectieve intelligentie: technologie kan het delen van kennis bevorderen en zo de mensheid verder helpen. Brand en Engelbart droegen met hun ideeën bij aan de opkomst van de personal computer in de jaren tachtig. Hun idealen zijn tot op heden terug te vinden in onder meer Wikipedia, opensourcesoftware, de *maker movement* en Burning Man.

Maar hoe zit dat met de grote techbedrijven? Is er bij de beursgenoteerde miljardenbedrijven nog wat over van de idealen van de hippies, of gaat het alleen nog om winstmaximalisatie en het vergroten van het marktaandeel? Eerder kwam al aan de orde dat de grote techbedrijven de cultuur van delen van de hippies aan banden hebben gelegd, of er op zijn minst een ambivalente verhouding mee hebben. Tegelijkertijd beweren de techbedrijven in Silicon Valley nog altijd dat zij 'anders' zijn dan andere bedrijven. Zij willen uitdrukkelijk niet doorgaan voor gewone, 'corporate' bedrijven, waarbij het streven naar winst en het tevreden houden van de aandeelhouders centraal staat. Zij hebben een hoger doel: met revolutionaire producten de wereld verbeteren.

Deze trend is begonnen bij Apple. Steve Jobs beschouwde zichzelf als hippie, en verafschuwde alles wat rook naar protocollen, grijze pakken en een negen-tot-vijfmentaliteit. Zijn roots in de hippiecultuur wist hij om te buigen tot een sterk imago voor zijn bedrijf: hij stelde Apple voor als een kleine, heldhaftige David, die het opnam tegen Goliath, het destijds dominante computerbedrijf IBM.

Een goed voorbeeld daarvan is Apple's reclame voor de Macintoshcomputer uit 1984. IBM was in deze spot 'The Man', de angstaanjagende alleenheerser met totale controle over zijn klanten, die werden neergezet als een leger geketende, kaalgeschoren slaven. Een jonge blonde vrouw in een piepklein rood sportbroekje – die in deze reclame kennelijk Apple moet voorstellen – rent op 'The Man' af en gooit een moker in zijn gezicht. 'Waarom 1984 niet zal zijn als *1984*', luidde de slogan, een verwijzing naar George Orwells boek *1984* over een totalitaire staat. Met andere woorden: de revolutionaire, vrijgevochten hippies van Apple zullen ons met hun nieuwe computer bevrijden uit de klauwen van IBM.

Hoewel Apple in rap tempo uitgroeide tot een van de grootste spelers op de computermarkt, heeft het bedrijf altijd zijn rebelse imago weten te behouden. In de beroemde 'Think Different'-campagne uit 1997 stelde het bedrijf zich op één lijn met uitzonderlijke mensen zoals Pablo Picasso,

Mahatma Gandhi en Thomas Edison. Inmiddels was Microsoft de grote rivaal van Apple, en Jobs schilderde dat bedrijf even afschrikwekkend af als IBM: een bedrijf voor meelopers, niet voor creatieve, scheppende hippies zoals Apple ('Think different' is een verwijzing naar de IBM-slogan 'Think'). Ook nu presenteert het bedrijf zich met succes als een merk waarmee je je kunt onderscheiden, terwijl Apple inmiddels veel groter is dan IBM en Microsoft en Jan en alleman een MacBook, iPhone en iPad heeft.

Sinds het succes van Apple doen vrijwel alle grote techbedrijven hun best om niet als 'corporate' te worden beschouwd. Ook zeggen de meesten expliciet dat ze met hun technologie de wereld beter willen maken. Het is geen enkel probleem om tegelijkertijd bakken geld te verdienen: idealisme en kapitalisme sluiten elkaar in Silicon Valley niet uit. Opvallend is dat bedrijven in Silicon Valley hun beursgang aangrijpen als hét moment om aan te tonen hoe anders ze wel niet zijn. Juist als ze hopen om zo veel mogelijk geld binnen te halen, wordt benadrukt dat het ze niet te doen is om geld, maar dat idealen vooropstaan.

Het beste voorbeeld is de brief van Google-oprichters Larry Page en Sergey Brin aan de toekomstige aandeelhouders bij de beursgang van het bedrijf in 2004. Doorgaans is zo'n *founders' letter* niet meer dan een formele aangelegenheid, een standaardbrief voorafgaand aan de prospectus waarin wordt uitgelegd hoe het bedrijf verwacht zo veel mogelijk winst te maken. Page en Brin pakten het anders aan: zij schreven een brief van ruim vierduizend woorden waarin zij gepassioneerd vertellen over de missie van hun bedrijf. 'Google is geen conventioneel bedrijf en we zijn ook niet van plan dat te worden,' zo steken de twee van wal.[156] 'Ons doel is om diensten te ontwikkelen die de levens verbeteren van zo veel mogelijk mensen op aarde. Om dingen te maken die ertoe doen.'[157] Waar grote bedrijven onherroepelijk hun idealen compromitteren om hun macht te behouden en de winst te vergroten, zal Google het anders doen, beweren de twee. Ze sluiten brief af met het inmiddels beroemde motto van Google: *'Don't be evil.'*[158]

Ook in de brief van Mark Zuckerberg aan de toekomstige aandeelhouders bij de beursgang van Facebook in 2012 staan idealen centraal. 'Facebook is niet gemaakt met het idee er een bedrijf van te maken,' schrijft hij.[159] 'Facebook is gemaakt om een sociale missie te volbrengen – om de wereld transparanter en meer verbonden te maken.' Zoals gebruikelijk in Silicon Valley schuwt hij geen grote vergelijkingen: Zuckerberg plaatst Facebook in het rijtje van grote uitvindingen zoals de boekdrukkunst en de televisie, die 'door communicatie efficiënter te maken de samenleving transformeerden. Zij gaven mensen een stem. Zij stimuleerden vooruitgang. Zij veranderden de manier waarop de samenleving is ingericht. Zij brachten ons dichter bij elkaar.'[160] Nu maken we opnieuw een revolutie door, aldus Zuckerberg: 'We leven op een moment waarop een meerderheid van de mensen in de wereld toegang heeft tot internet of een mobiele telefoon – waardoor zij kunnen delen wat zij denken, hoe zij zich voelen of wat zij aan het doen zijn, met wie zij maar willen. Facebook wil diensten creëren die mensen de mogelijkheid geven om dingen te delen en wil zo opnieuw de centrale instituties en bedrijven transformeren.'[161]

Twitter houdt de brief bij de beursgang kort, geheel in de stijl van het medium. Maar ook in de slechts 136 woorden tellende boodschap komt de spanning tussen geld en idealen aan de orde. De prioriteit wordt – uiteraard – bij de idealen gelegd: 'De missie van Twitter is om mensen in staat te stellen om ideeën te uiten en onmiddellijk te delen, zonder barrières. Ons bedrijf en onze inkomsten zullen er altijd op gericht zijn de vrije en wereldwijde interactie te bevorderen, in plaats van tegen te werken.'[162]

Het is makkelijk om de idealistische doelstellingen van techbedrijven af te doen als hypocriet. Immers, met een beursgang hopen ze grote sommen geld op te halen en zullen duizenden medewerkers binnen het bedrijf steenrijk worden. Toch is het opvallend hoeveel moeite de bedrijven in Silicon Valley nemen om anderen te overtuigen dat het ze om meer te doen is dan geld. De bewering de wereld ten goede te willen veranderen is misschien wel het meest onderscheidende kenmerk van de techbedrijven in Silicon Valley. Het is een directe erfenis van het techno-utopisme van de Westkust-hippies uit de jaren zestig: technologie als weg naar een betere wereld.

HOOFDSTUK 3: ONDERNEMERS

Technische skills en idealisme zijn belangrijk in Silicon Valley, maar om echt de wereld te veranderen, moet je ook je product aan de man kunnen brengen. In dit hoofdstuk komt daarom de zakelijke kant van Silicon Valley aan bod.

Eerder kwam al aan de orde hoe ondernemers als Hewlett en Packard (oprichters van HP, 1939), Jobs en Wozniak (Apple, 1976) en Page en Brin (Google, 1998) vanuit hun garage in Silicon Valley bedrijven oprichtten die de wereld veranderden. In dit hoofdstuk komen spectaculaire verhalen uit de recente geschiedenis aan de orde, zoals Twitter, Facebook, Instagram en WhatsApp. Dit soort succesverhalen hebben ertoe geleid dat Silicon Valley in de afgelopen decennia de 'grootste legale groei aan welvaart in de geschiedenis' heeft doorgemaakt, in de woorden van investeerder John Doerr. Tegelijkertijd wordt duidelijk dat dit uitzonderingen zijn. Het gebied kent een ondernemersklimaat waarin grote risico's worden genomen: beginnende ondernemers kunnen in korte tijd grote hoogten bereiken, maar ook faillissementen zijn aan de orde van de dag.

We kijken in dit hoofdstuk onder meer hoe investeren in Silicon Valley in zijn werk gaat. De klassieke weg loopt van eigen geld, via *angel investors* (individuele investeerders) en *venture capital*-investeringen (durfkapitaal verstrekkende bedrijven) tot een beursgang of overname. Maar er zijn ook alternatieve vormen van geld ophalen, zoals crowdfunding. We gaan langs bij Sand Hill Road, de 'gouden weg' in Silicon Valley waaraan alle grote investeerders zijn gevestigd, kijken naar de verschillen in het investeringsklimaat tussen de VS en Nederland en spreken met een Nederlandse ondernemer die in Silicon Valley een investering ophaalde voor zijn startup.

Ook de bijzondere bedrijfscultuur in Silicon Valley komt aan bod. Startups gaan gepaard met hard werken en grote onzekerheid, maar als het goed gaat ook met energie, creativiteit en grote productiviteit. En er is iets geks aan de hand: terwijl de meeste startups zo snel mogelijk willen uitgroeien tot een omvangrijk bedrijf, proberen de grote techbedrijven juist met man en macht de startupspirit te behouden. Hoe zij dat doen, zien we aan het eind van dit hoofdstuk.

WINNAARS...

Silicon Valley barst van de jongensboekverhalen. Kijk bijvoorbeeld naar Twitter. Dit bedrijf werd in 2006 in San Francisco opgericht door vier jongens: Jack Dorsey, Noah Glass, Biz Stone en Evan Williams.[163] Ze werkten bij Odeo, een kleine startup in podcasts. Om met elkaar te kunnen communiceren, bedachten ze een webdienst waarmee je eenvoudig korte berichten kon versturen. Een soort sms'en – de berichten zijn maximaal 140 tekens – maar dan zichtbaar voor iedereen. Al snel bleek dit zijproject veel meer potentie te hebben dan podcasts. Op 26 maart 2006 verstuurde Jack Dorsey de allereerste tweet: 'just setting up my twttr'. In 2007 werden anderhalf miljoen tweets verstuurd, een jaar later waren dat er al 400 miljoen, in 2013 werden er 500 miljoen berichten verstuurd *per dag* en tegenwoordig is het medium niet meer weg te denken uit de dagelijkse nieuwsstroom.

Niet iedereen zag aanvankelijk de waarde van Twitter in. Belangrijke investeerders, onder wie John Doerr van het gerenommeerde investeringskantoor Kleiner Perkins Caufield & Byers, wezen Twitter in een vroeg stadium af. Dom, erkende hij later, maar 'Twitter was toen nog geen Twitter,' aldus Doerr.[164] Want wat was Twitter eigenlijk? Een sociaal netwerk? Een blog? 'Het was moeilijk om te definiëren, omdat het niet iets bestaands verving,' vertelt Williams in een interview.[165] Aanvankelijk was het een groot theekransje, waar mensen babbelden over wat zij aan het doen waren. Gaandeweg bleek Twitter ook voor andere doelen te kunnen worden ingezet: politici en artiesten konden er met hun achterban communiceren, activisten gebruikten het om demonstraties te organiseren en voor gewone gebruikers werd het al gauw dé plek om naar informatie te speuren bij breaking news.

In 2013 ging Twitter naar de beurs, een dag later werd het bedrijf gewaardeerd op 31 miljard dollar. San Francisco werd daarmee in één klap 1600 nieuwe miljonairs rijker. Opmerkelijk, want de berichtendienst had tot dan toe nog nooit ook maar één dollar winst gemaakt.[166] Maar zolang de beurs vertrouwen in het bedrijf heeft, maakt dat niet uit.

Nog zo'n succesverhaal is Facebook. Het verhaal is bekend maar blijft fascinerend: in 2006 begon de negentienjarige student Mark Zuckerberg in zijn studentenkamer op Harvard een bedrijf dat binnen een paar jaar uitgroeide tot het grootste sociale netwerk ter wereld.[167] Bij de beursgang in 2012 werd Facebook op 104 miljard dollar gewaardeerd, de hoogste waardering van een internetbedrijf ooit. Hoewel de koers aanvankelijk inzakte, was deze anderhalf jaar later weer hersteld en inmiddels heeft Facebook ambitieuze uitbreidingsplannen. Zo krijgt de Facebookcampus in Menlo Park er binnenkort een reusachtig nieuw gebouw bij van sterarchitect Frank Gehry.[168] Het aantal gebruikers is duizelingwekkend: op het moment van schrijven heeft het bedrijf 1,3 miljard actieve gebruikers en loggen ruim 800 miljoen mensen dagelijks in op hun Facebookaccount.[169]

Mark Zuckerberg geeft het startschot voor de beursgang van Facebook in 2012
© *Getty Images/Bloomberg*

Nog recenter is het succes van de sociale fotodeeldienst Instagram. Het bedrijf werd in 2010 opgericht door de Stanfordstudenten Kevin Systrom en Mike Krieger, toen 27 en 24 jaar oud. Instagram groeide razendsnel en werd anderhalf jaar na oprichting al overgenomen door Facebook, waarbij het bedrijf grotendeels zelfstandig kon blijven opereren. De overnameprijs: een miljard dollar in cash en aandelen. Goed nieuws voor de slechts dertien medewerkers van Instagram, onder wie de Nederlandse ontwerper Maykel Loomans, die pas drie weken voor de overname bij het bedrijf aan de slag was gegaan.[170] Eveneens goed nieuws voor de investeerders Thrive Capital, Greylock Partners, Sequoia Capital en Benchmark, die een kleine week voor de overname nog in Instagram hadden geïnvesteerd waardoor het bedrijf werd gewaardeerd op 500 miljoen dollar.[171] Hun investering was in een paar dagen verdubbeld.

De overname van Instagram was spectaculair; nog opzienbarender is het verhaal van berichtendienst WhatsApp. Dit bedrijf, opgericht in 2009 door Jan Koum, werd in 2014 overgenomen door Facebook voor negentien miljard dollar in cash en aandelen. Oftewel: negentien keer zoveel als de overname van Instagram kostte. Koums verhaal is het klassieke verhaal van krantenjongen tot miljonair in het kwadraat: van afhankelijk van voedselbonnen tot *miljardair*.

Koum immigreerde als zestienjarige met zijn moeder en oma vanuit een dorp in Oekraïne naar Mountain View, op de vlucht voor het politieke regime en antisemitisme. Koum en zijn moeder waren arm: zij werkte als babysitter, hij was schoonmaker in een supermarkt. Ze leefden in een sociale woning en kregen hun eten via voedselbonnen. Na zijn middelbareschooltijd studeerde Koum een tijdje computerwetenschappen, maar hij stopte al gauw om aan het werk te gaan – eerst bij Ernst & Young, later bij Yahoo. In 2009 besloot hij met WhatsApp voor zichzelf te beginnen.

WhatsApp was aanvankelijk een dienst waarmee je op je smartphone kon aangeven of je telefonisch bereikbaar was. 'Ben aan het sporten, zo terug', of 'op vakantie, slecht bereik'. Maar in de loop der tijd groeide de dienst uit tot een vervanging en verrijking van sms. Voor een bedrag van minder dan één euro per jaar kunnen mensen er wereldwijd berichtjes, foto's, filmpjes en audiofragmenten mee uitwisselen. Betalen voor sms'en is onzin, vindt Koum: 'Het is een dode technologie zoals de faxmachine en bestaat alleen als een melkkoe voor telecombedrijven.'[172] Al snel had de dienst miljoenen gebruikers.

Koum en medeoprichter Brian Acton hielden de kosten van WhatsApp zo laag mogelijk. Ze huurden een eenvoudige kantoorruimte, zetten er wat

Ikeabureau's neer en namen mondjesmaat personeel aan. Ze hadden niet eens een naambordje. De instructies onder aan hun e-mail om WhatsApp te vinden luidde: 'Vind het Evernote-kantoor. Loop naar de achterkant van het pand. Vind een ongemarkeerde deur. Klop aan.' Ze besteedden geen tijd of geld aan marketing; mond-tot-mondreclame was voldoende voor de razend populaire app. Ze leefden van hun spaargeld en gingen grote investeringen zo lang mogelijk uit de weg.

Pas in 2011 namen de twee na lang aandringen een eerste investering van acht miljoen dollar aan van Sequoia Capital. Twee jaar later kregen ze nog eens 50 miljoen dollar, vooral om de waardering van het bedrijf op te krikken – de waardering van een bedrijf voorafgaand aan een beursgang of overname wordt namelijk bepaald door de hoogte van de investering en het aandeel dat de investeerder in ruil daarvoor krijgt. Ze hadden het geld niet nodig: op de bankrekening stond nog altijd de acht miljoen dollar die ze twee jaar eerder hadden gekregen.[173]

Eén jaar later, WhatsApp had inmiddels 450 miljoen gebruikers, nam Facebook het bedrijf over voor negentien miljard dollar.[174] Sequoia Capital hield naar verluidt zo'n drie miljard dollar aan deze deal over, meer dan vijftig keer zoveel als ze hadden geïnvesteerd.[175] En Jan Koum, die ooit nog in de rij had gestaan voor voedselbonnen, had plots een fortuin van 6,8 miljard dollar.

... EN VERLIEZERS

Hoe mooi de bovenstaande verhalen ook zijn: het blijven uitzonderingen. De kans dat een startup uitgroeit tot een bedrijf van formaat als Facebook, Twitter of Instagram is vrijwel nihil. Aileen Lee, partner bij het gerenommeerde investeringsbedrijf Kleiner Perkins Cauffield & Byers, onderzocht hoeveel van de techbedrijven die de afgelopen tien jaar zijn opgericht in de vs inmiddels meer waard zijn dan een miljard dollar. Dat waren er 39, ofwel 0,07 procent van alle startups.[176] 'Eenhoornbedrijven' noemt Lee deze bedrijven gekscherend: de kans om tot een miljardenbedrijf uit te groeien is even waarschijnlijk als een eenhoorn tegen het lijf lopen. Elke tien jaar groeien slechts één tot drie bedrijven uit tot een 'supereenhoorn': een beurswaardering van meer dan honderd miljard.

Tegenover elk succesverhaal in Silicon Valley staan honderden startups die het niet redden. Daaronder bevinden zich spectaculaire mislukkingen, zoals Pets.com en Webvan.com. Deze bedrijven staan symbool voor het knappen van de Dotcombubbel, die later in dit hoofdstuk aan bod komt. Ook het mislukken van het sociale netwerk Friendster is in de vs bron van vele grappen over gemiste kansen. Friendster werd genadeloos verpletterd door Facebook, tot er niets van overbleef dan een spelletjeswebsite voor kinderen. Het ooit populaire Nederlandse sociale netwerk Hyves legde een soortgelijk pad af: het in 2004 opgerichte bedrijf had op zijn hoogtepunt tien miljoen leden, maar kon niet op tegen Facebook en werd eind 2013 opgeheven om door te gaan als gamingplatform.[177]

Een recent voorbeeld van een spectaculaire flop is de fotodeeldienst Color. Het in 2011 opgerichte bedrijf trok de aandacht door al in de eerste financieringsronde 41 miljoen dollar op te halen. Medeoprichter Bill Nguyen had eerder de succesvolle online muziekdienst Lala gebouwd, die door Apple was overgenomen voor tachtig miljoen dollar. Maar dat bleek geen garantie voor de toekomst. Color trok weinig gebruikers, wist zich niet te onderscheiden van andere fotodeeldiensten en twijfelde over de koers. Tot overmaat van ramp begonnen medewerkers een rechtszaak tegen Nguyen wegens knoeien met bonnetjes en het 'aanrichten van psychologische schade' – Nguyen bleek zijn personeel systematisch te vernederen, bleek uit allerlei pijnlijke details die tijdens de rechtszaak aan het licht kwamen. Nog geen twee jaar na de oprichting was het gedaan met Color, door de techblogs intussen omgedoopt tot *'startup from hell'*.[178] Investeerders konden naar hun geld fluiten.

Hoe dramatisch dit ook klinkt, het is in Silicon Valley niet ongebruikelijk dat een bedrijf het niet redt. Sterker nog: mislukken is de norm. Volgens een onderzoek van Shikhar Ghosh van de Harvard Business School levert driekwart van de startups minder geld op dan erin werd gestoken; 30 tot 40 procent gaat failliet.[179] Deze cijfers hebben alleen betrekking op startups die geld ontvingen van grote investeringsmaatschappijen. Aangezien veel beginnende bedrijfjes deze horde niet halen, ligt het werkelijke percentage van geflopte startups nog hoger.

De grote tolerantie voor mislukken wordt wel genoemd als een van de onderscheidende factoren van Silicon Valley: failliet gaan is oké, falen is oké, niet alleen voor startups, maar ook voor werknemers binnen grote techbedrijven. Mislukken wordt gezien als een logisch gevolg van innovatie en de risico's die daarmee gepaard gaan. Dat je in Silicon Valley tegelijkertijd weinig hoort over geflopte startups ligt aan de fundamenteel optimistische houding in het gebied. Gaat het mis? Zand erover, tijd voor iets nieuws. Datzelfde optimisme is ook de reden dat er steeds maar nieuwe ondernemers naar Silicon Valley trekken in de hoop om de nieuwe Zuckerberg, Koum of Dorsey te worden – al is de kans dat dit gebeurt minimaal.

DE DOTCOMBOOM: PARTY LIKE IT'S 1999

De economie van Silicon Valley bestaat uit *boom* en *bust*. Na een periode van hype, overspannen verwachtingen en zwaar overgewaardeerde bedrijven knapt de bubbel, trekken investeerders zich terug en zakken de koersen in. De oorzaak ligt in het type bedrijven dat Silicon Valley aantrekt: bedrijven die iets nieuws proberen en waarvan pas op termijn duidelijk wordt of het zal aanslaan. De kans is groot dat het op niets uitloopt – maar áls het lukt, zijn de winsten reusachtig. Deze riskante maar potentieel lucratieve bedrijven trekken investeerders aan die er niet voor terugdeinzen om grote gokken te nemen, wat de kans op bubbels nog verder versterkt.

Het meest dramatische voorbeeld hiervan is de Dotcomboom aan het eind van de jaren negentig. Met de opkomst van de eerste webbrowser Netscape hadden miljoenen mensen opeens toegang tot het internet. Iedereen in Silicon Valley was ervan overtuigd dat internet de economie ingrijpend zou veranderen – een redelijke verwachting, die tot onredelijke proporties werd opgeblazen. Investeerders, bang om de boot te missen, verdrongen zich om te investeren in de talloze nieuwe internetondernemingen. Startups met een vaag plan kregen bakken geld over zich uitgestort; als een bedrijf '.com' achter zijn naam had staan, was het plots twee keer zoveel waard.[180] In het jaar 2000 gaven durfinvesteerders ongekend veel geld uit aan startups, zoals goed te zien is in het figuur hiernaast [181].

In de loop van het jaar 2000 keerde het tij. De directe aanleiding lag buiten Silicon Valley: Rusland was in financiële problemen geraakt en kon zijn buitenlandse leningen niet terugbetalen.[182] Investeerders vreesden dat meer landen zouden volgen en werden terughoudend in het nemen van financiële risico's. De overspannen verwachtingen sloegen om in paniek: aandeelhouders dumpten massaal hun aandelen en investeerders hielden hun hand op de knip. Tussen 1 juli en 1 oktober 2000 daalde de Dow Jones Industrial Average met 2000 punten, ofwel 25 procent. De riskantere technologiebeurs NASDAQ daalde zelfs met 50 procent.[183] Mensen die het ene moment – althans op papier – honderden miljoenen dollars waard waren, stonden het andere moment failliet op straat met slechts een schoenendoos met wat persoonlijke spulletjes onder hun arm.

Pets.com geldt als een van de bekendste voorbeelden van de Dotcomboom. Het bedrijf wilde producten voor huisdieren verkopen via internet. Er werd enorm veel geld gepompt in de marketing. De mascotte van Pets.com, een bijdehante sokpop, was in 2000 zelfs in het peperdure reclameblok tijdens de Superbowl te zien (de slogan: '*Pets.com, because pets can't drive*'). Hoewel alle reclame tot grote naamsbekendheid leidde, bleven de inkomsten achter. In het eerste fiscale jaar besteedde het bedrijf 11,8 miljoen dollar aan advertenties, terwijl het slechts 619.000 dollar aan inkomsten genereerde. Doordat het bedrijf in een poging om snel klanten aan te trekken grote kortingen gaf en gratis bezorgde, werd op vrijwel elke aankoop verlies geleden. De beleggers raakten nerveus en de koers raakte in een vrije val: waar een aandeel bij de beursgang nog elf dollar kostte, waren deze slechts 268 dagen later, op het moment dat faillissement werd aangevraagd, nog maar negentien cent waard.

Startups ontvingen in het jaar 2000 meer dan honderd miljard dollar, het tienvoudige van vier jaar eerder © NVCA Yearbook 2013

Nog extremer is het verhaal van de boodschappenbezorgdienst Webvan.com. Het bedrijf had in korte tijd maar liefst 800 miljoen dollar opgehaald bij gerenommeerde investeerders als Sequoia Capital. Bij de beursgang in 1999 werd het bedrijf gewaardeerd op 7,2 miljard dollar. Maar mensen bleken maar mondjesmaat bereid om hun boodschappen online te bestellen, terwijl de marges in de supermarktbranche toch al krap waren. Nog geen anderhalf jaar na de beursgang was het bedrijf failliet en kwamen de 4500 werknemers op straat te staan. CEO George Shaheen, die een paar maanden voor het faillissement was afgetreden met de toezegging dat hij de rest van zijn leven 31.250 dollar per maand uitgekeerd zou krijgen, kon zich aansluiten in een lange rij schuldeisers. De geschiedenis van Webvan.com had alles van een klassieke tragedie, vertelde een zojuist ontslagen werknemer in 2001 aan een lokale verslaggever: 'Er werd met geld gesmeten alsof het niets was. Er was zóveel geld. Het leidde tot ongelooflijke arrogantie.'[184] En zoals dat gaat in Griekse tragedies: na de hoogmoed kwam de val.

De voor meer dan een miljard dollar aangeschafte Webvan-wagens die ongebruikt op de parkeerplaats stonden werden het symbool van de Dotcom-crisis © Getty Images/TimBoyle

De gevolgen van het uiteenspatten van de Dotcombubbel zijn nog altijd merkbaar in Silicon Valley. Zo gebeurt het bijna nooit meer dat startups in de allervroegste fase grote sommen geld krijgen. De mantra is nu dat startups 'lean' (slank) moeten zijn, naar het in Silicon Valley immens populaire boek *The Lean Startup* van Eric Ries.[185] Ries adviseert startups om in de beginfase met een zo klein mogelijk team zo veel mogelijk te experimenteren en het product stapsgewijs te verbeteren. Pas als er een *minimum viable product* is, een product waarvan met enige zekerheid is vast te stellen dat het levensvatbaar is, is het moment aangebroken voor investeringen, marketing en uitbreiding van het team.[186] Deze aanpak is dus exact het tegenovergestelde van de werkwijze van bedrijven als Pets.com en Webvan: zij gaven ongekend veel geld uit om het bedrijf snel uit te breiden, terwijl het nog onduidelijk was of er wel behoefte was aan het product.

Hoewel startups sinds het knappen van de Dotcombubbel op een andere manier worden geleid, wordt nog regelmatig de vraag gesteld of we opnieuw in een bubbel zitten – en zo ja, wanneer die bubbel barst.[187] Velen wijzen naar Snapchat, een in 2011 opgerichte dienst waarmee gebruikers elkaar foto's en filmpjes kunnen sturen die na het zien verdwijnen. Het bedrijf maakte toen dit boek werd geschreven geen winst. Sterker nog, het had helemaal geen inkomsten. Toch wilde Facebook Snapchat eind 2013 overnemen, voor een bedrag van naar verluidt drie miljard dollar.[188] De destijds 23-jarige oprichter Evan Spiegel weigerde – kennelijk was hij ervan overtuigd dat zijn bedrijf in de toekomst nóg meer waard zou zijn. Onzin, waanzin, hoogmoed, oordeelden vele techblogs. Drie miljard dollar voor een bedrijf dat nog geen inkomsten genereert: dat moet wel een bubbel zijn.

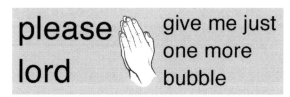

Populaire bumpersticker in Silicon Valley

Of er daadwerkelijk sprake is van een bubbel is pas duidelijk als de bubbel barst. Achteraf is het makkelijk praten: de luxe auto's, de copieuze diners, de uitbundige feesten en waanzinnige waarderingen hadden geen poot om op te staan. Maar de Dotcombubbel heeft ook laten zien hoe moeilijk het is om de toekomstige waarde van een bedrijf te voorspellen. Zo ging Amazon in 1997 naar de beurs met een waardering van 450 miljoen dollar. Sceptici waren ervan waren overtuigd dat dit verlieslijdende bedrijf het nooit zou redden, maar tegenwoordig is het met een waardering van 175 miljard een van de grootste spelers op het gebied van e-commerce. Een ding is zeker: ondanks alle geruchten over een bubbel, zijn investeerders nog altijd bereid om grote gokken te nemen.

SHOW ME THE MONEY – INVESTEREN IN VIER STAPPEN

Stel: je hebt een idee voor een nieuw bedrijf. Je hebt het helemaal uitgedokterd, een goed team bij elkaar gezocht en misschien al een prototype ontwikkeld van het product. Je bent er helemaal van overtuigd: jouw startup wordt *the next big thing*. Hoe kom je aan geld?

In eerste instantie denk je wellicht aan de bank. Maar banken hebben het niet op riskante ondernemingen, zij willen harde garanties dat de lening – met rente – wordt terugbetaald. Startups in de techindustrie zijn veel te riskant voor banken: er is te weinig duidelijkheid of, en zo ja wanneer, zij in staat zijn om een lening af te lossen.

De financiering van startups verloopt daarom bijna altijd via private kapitaalverschaffers. Anders dan een bank geven zij geen lening, maar investeren ze in ruil voor een aandeel in het bedrijf. Gaat het goed met het bedrijf? Dan profiteren de investeerders. Draait de startup op niets uit? Dan zien de investeerders hun geld niet terug. Silicon Valley kent een unieke, uitgebreide infrastructuur van private kapitaalverschaffers. Als een startup daarvan gebruikmaakt, verloopt de financiering in het ideale geval als volgt:

1. Eigen geld / *Family, Friends and Fools*

In eerste instantie doe je een beroep op je eigen spaargeld. Daarmee kom je de eerste maanden door, zodat je het concept kunt uitwerken en een prototype kunt maken. In deze fase kun je ook geld lenen van vrienden en familie (*Family, Friends or Fools*, de 3F's, in Silicon Valley-jargon). Zij zullen dat doen omdat ze het je gunnen, niet omdat ze ervan uitgaan dat ze winst zullen maken. Met deze mensen kun je informele afspraken maken over wat zij hiervoor terugkrijgen. Je kunt ook naar de notaris gaan en ze aandelen geven in ruil voor de investering. Vroege investeringen worden in Silicon Valley 'seed money' genoemd: geld om te zaaien, zodat later eventueel de vruchten kunnen worden geplukt. Dit gaat meestal over de eerste 10.000 dollar.

2. Angel investors

Als de startup duidelijke contouren begint te krijgen en potentie heeft om uit te groeien tot een succesvolle onderneming, kun je een beroep doen op externe financiers. Voor de vroege fases zijn dat 'angel investors', ook wel 'business angels' genoemd. Dat zijn rijke particulieren, vaak oud-ondernemers, die zich als een mentor (een 'engel') over beginnende startups ontfermen in ruil voor een aandeel in het bedrijf. Naast geld geven zij vaak advies; bijvoorbeeld over hoe je personeel moet aannemen en klanten kunt werven. Ook hebben zij doorgaans ingangen bij grotere investeerders, de venture capital-bedrijven. Investeringen van angels variëren van tienduizenden dollars tot een paar miljoen.

3. Venture capital

Als het bedrijf groter wordt, komen venture capital-bedrijven (VC's) in beeld. VC's investeren in risicovolle, innovatieve bedrijven in ruil voor een aandeel in het bedrijf. In Nederland worden VC's daarom ook wel 'durfinvesteerders' genoemd. Anders dan angels investeren VC's niet hun eigen geld; zij beheren een fonds met geld van anderen, zoals grote ondernemingen, verzekeringsmaatschappijen, pensioenfondsen, stichtingen en superrijke particulieren. De partners van VC's zijn ervoor verantwoordelijk dat het fonds op termijn winstgevend is. Als een bedrijf geld krijgt van een VC neemt een partner meestal plaats in de raad van bestuur, waardoor er direct invloed kan worden uitgeoefend op de bedrijfsvoering.

Investeringen van VC's worden verstrekt in verschillende rondes: de eerste ronde heet Series A, de tweede Series B, de derde Series C, etc. Tussen deze investeringsrondes ligt een periode van een half tot twee jaar, waarin het bedrijf bepaalde doelstellingen dient te bereiken. Bij iedere investeringsronde krijgt de vc extra aandelen van het bedrijf, waardoor het aandeel van de oprichters en eerdere investeerders steeds kleiner wordt. Investeringen van vc's gaan van een paar ton tot honderden miljoenen dollars.

4. Overname of beursgang

Na verloop van tijd zullen de investeerders aandringen op een *exit*: een overname van het bedrijf (acquisitie) of een beursgang. In het eerste geval wordt een bedrijf gekocht door een groter bedrijf, zoals WhatsApp is overgenomen door Facebook. De opbrengst van de overname, meestal een combinatie van cash en aandelen, wordt verdeeld tussen de aandeelhouders. Bij een beursgang worden aandelen van het bedrijf verkocht op de beurs. Door de uitgave van nieuwe aandelen kan het bedrijf geld ophalen voor verdere groei. De aandeelhouders kunnen hun aandelen voortaan verkopen op de beurs.

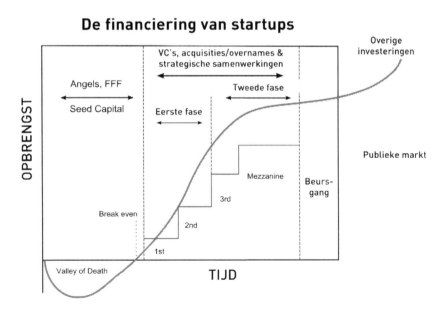

Een overzicht van het verloop van de investeringen van een startup
© Kmuehmel

SAND HILL ROAD: WALL STREET VAN HET WESTEN

Sand Hill Road is de Westkustvariant van Wall Street in New York. Tussen de huisnummers 2100 en 3000 zijn meer dan tachtig venture capital-bedrijven gevestigd, met aandelen en zetels in de raad van bestuur van alle grote bedrijven in Silicon Valley. De luxe vc-kantoren aan Sand Hill Road liggen afgewend van de straat, verscholen tussen het groen, met bewakers voor de deur – de superrijken hebben liever geen pottenkijkers. Op de parkeerplaatsen staan sportwagens, BMW's, Porsches en Tesla's. Als er een afgeragde Honda tussen staat, is die zonder twijfel van een jonge ondernemer die over zijn plannen mag vertellen en wellicht een investering krijgt.

vc's kiezen voor innovatieve, risicovolle bedrijven. De meeste bedrijven waar ze geld in steken redden het niet, maar een beperkt aantal levert enorme winsten op. Het is dat kleine percentage van extreem lucratieve deals dat vc's winstgevend maakt. Je kunt het zien als een boer die vele zaadjes plant, waarvan de meeste al doodgaan als een klein, onvolgroeid plantje. Slechts enkele groeien uit tot een reusachtige boom. Om die bomen is het vc's te doen. vc's steken geen energie in bedrijven die ernaar streven twee of drie keer hun investering op te halen, zij zijn niet geïnteresseerd in kleine stammetjes met een paar blaadjes. Ze willen een mammoetboom, een nieuwe Facebook of Google, waardoor hun investering zich tientallen tot honderden keren terugbetaalt.

De Bay Area heeft de grootste venture capital-markt ter wereld. In 2013 deden de vc's in Silicon Valley 12,2 miljard dollar aan investeringen; ruim 40 procent van alle venture capital-investeringen in de vs.[189] De vc's en de startupcultuur in Silicon Valley zijn onlosmakelijk met elkaar verbonden en versterken elkaar: omdat er in de Bay Area zoveel geld is voor beginnende bedrijven, trekken startups massaal naar Silicon Valley. Andersom weten de vc's van Sand Hill Road hun fondsen te spekken doordat in Silicon Valley zoveel innovatieve en potentieel lucratieve startups zijn.

Venture capital wordt tegenwoordig direct geassocieerd met Silicon Valley, maar dat is niet altijd zo geweest. In de jaren vijftig en zestig vormden Boston en New York de centra van de venture capital-markt. Pas eind jaren zestig ontstonden de eerste vc-fondsen in de Bay Area. De mannen van de Traiterous Eight, besproken in het eerste hoofdstuk, speelden daarbij een belangrijke rol. Hun verhaal laat wederom zien hoeveel toeval er in het spel was bij de ontstaan van Silicon Valley.

Voor de acht dissidenten uit het lab van William Shockley was het in 1957 praktisch onmogelijk om in de Bay Area kapitaal aan te trekken voor hun eigen bedrijf: de uitgebreide infrastructuur van durfinvesteerders bestond nog niet. Ze probeerden het in New York, maar ook daar waren investeerders huiverig. Eén van de acht mannen, Eugene Kleiner, stuurde een brief naar de New Yorkse investeringsfirma Hayden, Stone & Co., waar zijn vader contacten had. Kleiners brief kwam terecht op het bureau van Arthur Rock, een ambitieuze, jonge investeerder die pas net bij de investeringsmaatschappij was begonnen. Rock zag wel iets in hun plannen en ging op zoek naar potentiële geldschieters. Hij maakte een lijst van 35 bedrijven die mogelijk geïnteresseerd konden zijn en ging deze een voor een af. Alle 35 bedrijven veegden het voorstel echter onmiddellijk van tafel: de experimentele plannen van de jonge ingenieurs aan de Westkust, zonder enige bedrijfservaring, klonken de investeringsmaatschappijen te riskant in de oren.

Toen Rock het bijna wilde opgeven, stuitte hij op de avontuurlijke ondernemer Sherman Fairchild. Fairchild was de grootste aandeelhouder van IBM, het succesvolle computerbedrijf dat in 1911 was opgericht door zijn vader. Fairchild was gek op nieuwe technologie; hij had zelf uitvindingen gedaan in onder meer de fotografie en de luchtvaart. Hij vormde een goede match met de Traiterous Eight: hij begreep wat de mannen wilden, had voldoende geld en deinsde niet terug voor risico's. Zijn lef betaalde zich uit: het bedrijf van de Traiterous Eight, Fairchild Semiconductor, werd een groot succes en zorgde voor een explosie aan siliciumchipbedrijven in de Bay Area.

Met de opkomst van de lucratieve siliciumchipindustrie werd het gebied een stuk interessanter voor durfinvesteerders. Arthur Rock verhuisde al snel naar de Westkust en maakte naam als een van de eerste grote techinvesteerders in Silicon Valley, met vroege investeringen in onder andere Intel en Apple. Ook Eugene Kleiner ging na zijn Fairchildavontuur verder als investeerder. Zijn bedrijf Kleiner Perkins Caufield & Byers geldt tegenwoordig als een van de belangrijkste investeringsmaatschappijen in Silicon Valley.

Het beroemde Silicon Valley-servet © Mark Richards, Courtesy of the Computer History Museum

Het aantal investeringsmaatschappijen nam sindsdien rap toe. Ondernemer Bob Zeidman ontwierp in de jaren tachtig voor de grap een servetje waar vc's en startups in de kroeg hun deals op konden krabbelen: 'Dit officiële Silicon Valley-servet is alles wat je nodig hebt om een miljoenenbedrijf te beginnen', zo staat op het servet. 'Instructies: 1. Vul de productspecificaties in op de ene kant, 2. Schrijf het *business plan* op de andere kant, 3. Begin je bedrijf in een garage, 4. Geef gigantische feesten en doe wat je niet laten kunt – je behoort nu tot de *rich & famous* van Silicon Valley.'

Tegenwoordig werkt de vc-industrie in Silicon Valley als een geoliede machine. Er zijn zoveel startups in het gebied dat een beginnende ondernemer niet zomaar kan binnenlopen bij een vc; hij of zij moet zelf worden gevraagd of door een betrouwbaar contactpersoon worden aangedragen. In een kort gesprekje – de *pitch*, waarover straks meer – mag de ondernemer zijn plannen uit de doeken doen. vc's luisteren aan de lopende band naar zulke pitches. De beste ondernemers mogen hun presentatie op maandag nog eens geven: op die dag komen bij alle vc's in Silicon Valley de partners bijeen. Pas wanneer alle partners ervan overtuigd zijn dat de startup genoeg kansen biedt, komt het tot een deal.

DE PITCH

Om kans te maken op een investering, moet een startup aan een investeerder kunnen uitleggen wat ze met dat geld van plan zijn. Zo'n verhaal heet een 'pitch'. Hoe ziet een goede pitch eruit? We vragen het Arthur van Hoff, een Nederlandse ondernemer die al meer dan twintig jaar in Silicon Valley woont en geldt als een van de succesvolste Nederlandse techondernemers in het gebied. Van Hoff kwam begin jaren negentig in de Valley terecht om bij Sun Microsystems aan de programmeertaal Java te werken. Hij richtte sindsdien zeven bedrijven op, onder meer voor de technologie voor een digitale videorecorder, een mp3-speler, een semantisch zoeksysteem. Deze bedrijven werden allemaal binnen een paar jaar overgenomen door andere techbedrijven. Afgelopen jaar werkte hij als *entrepreneur in residence* bij Redpoint Ventures, een grote vc aan Sand Hill Road. In die rol adviseerde hij Redpoint welke beginnende bedrijfjes te financieren en woonde hij honderden pitches van startups bij.

De kern van een goede pitch is makkelijk, zegt Van Hoff: een goede pitch is 'kort en krachtig'. De kortste is de elevator pitch: in dertig seconden uitleggen wat je product is en welk probleem het oplost ('Wij maken een maaltijdbezorgapp waarmee je binnen een half uur een gezonde maaltijd op tafel hebt'). Vaak wordt een vergelijking gemaakt met een bestaand bedrijf ('We zijn een Uber voor eten'), maar Van Hoff vindt dat 'wel een beetje flauw'. Sommige vc's horen wel vijftig van dit soort pitches op een dag, dus het is belangrijk dat je elevator pitch direct aanspreekt.

Als je geluk hebt, word je na een paar informele gesprekken uitgenodigd om bij een vc-kantoor uitgebreider over je plannen te vertellen. Je moet in hooguit een kwartier je verhaal kunnen doen, eventueel ondersteund door een presentatie met een aantal slides ('niet meer dan vijftien'). Daarin moeten de volgende onderwerpen aan de orde komen:

- Welk probleem los je op? Waarom is dat belangrijk?

- Hoe groot zijn de zakelijke kansen?

- Is het team in staat het probleem op te lossen?

- Hoeveel competitie is er, hoe pak je concurrenten aan?

- Hoe ver is het product al ontwikkeld? Hoeveel bezoekers, gebruikers of klanten zijn er al?

- Wat is het plan van aanpak? Wat zijn de verwachte stappen en mijlpalen?

- Wat is de 'unfair advantage', de bijzondere eigenschap van de startup die niet te kopiëren is, zoals een patent, een kennisvoorsprong of uitzonderlijk getalenteerde oprichters?

Het belangrijkste laat zich echter moeilijk voorbereiden, aldus Van Hoff: de vc of angel investor moet tijdens de pitch een 'emotionele klik' hebben met het team. Van Hoff: 'De investeerder moet denken: ik geloof in dit product, ik geloof in dit team, hier sta ik volledig achter; ook al verkeert de startup nog in een fase dat er weinig over de toekomst valt te zeggen. Natuurlijk zal de investeerder kijken naar de kwaliteit van het product, de potentiële markt en het verdienmodel. Maar de beslissing om te investeren is uiteindelijk minder rationeel dan je zou denken.' Het is daarom belangrijk dat de startup een vc weet te vinden met een bovenmatige interesse in het soort product dat de startup biedt. Ook kan het helpen om een goed verhaal te vertellen – een persoonlijke anekdote, een originele invalshoek, iets waarmee je jezelf onderscheidt van de vele andere startups die een vc dagelijks ziet langskomen. Maar verder is het een kwestie van geluk hebben, zegt Van Hoff: 'Een emotionele klik kun je niet afdwingen.'

ANGEL INVESTORS

Minder formeel dan die van vc-bedrijven maar niet minder belangrijk, is de rol van angel investors in Silicon Valley. Hoewel er weinig nauwkeurige gegevens beschikbaar zijn – angels hoeven hun investeringen niet altijd te registreren – schatten onderzoekers dat angels in de vs in 2013 24,8 miljard dollar in startups hebben geïnvesteerd, bijna net zoveel als alle investeringen van vc-bedrijven in de vs.[190]

Er is geen vastomlijnde definitie van een angel investor; in theorie kan iedereen zich 'angel' noemen. De klassieke angel is een oud-ondernemer die zijn sporen al heeft verdiend en met zijn geld en kennis bevriende, jongere ondernemers verder wil helpen. Omdat het om startups gaat in de allervroegste fase, zijn angelinvesteringen zeer riskant; riskanter nog dan investeringen van vc's die doorgaans iets verder gevorderde bedrijven ondersteunen. Maar ook angelinvesteringen kunnen lucratief uitpakken. Doordat ze er vanaf het allereerste begin bij zijn, kunnen ze bij een eventueel succes een relatief groot aandeel in het bedrijf hebben. Er zijn daarom ook angels die in startups investeren als vorm van beleggen.

De bekendste en machtigste angel in Silicon Valley is Ron Conway. Conway, een gezette zestiger met wit haar die gekleed gaat in een beige kakibroek en een polo of blauwe wollen trui, heeft in meer dan 650 startups geïnvesteerd, waaronder zwaargewichten als Google, Twitter, Facebook, Pinterest, Airbnb en Snapchat. Tijdens zijn luxe cocktailparty's op het dakterras van zijn penthouse in San Francisco brengt hij jonge startups in contact met zijn uitgebreide netwerk van investeerders, recruiters, advocaten, journalisten en figuren uit de sport- en entertainmentwereld.

Conway is geliefd en gevreesd onder startups: met zijn invloedrijke netwerk kan hij veel voor elkaar krijgen, maar als hij zich tegen je keert, heb je naar verluidt een groot probleem. Voor een profiel over Conway van *Business Insider* wilden vrijwel alle ondervraagden alleen anoniem de journalist te woord staan, uit angst voor repercussies.[191]

In zijn directe kring, in de media ook wel 'Rontourage' genoemd, verkeren mensen als Yahoo-CEO Marissa Mayer, Facebookmede-oprichter Sean Parker, honkballer Brian Wilson, American Footballspeler Jed York, acteur Ashton Kutcher, rapper Kanye West en ook MC Hammer, de cultrapper die in de jaren tachtig de harembroek populair maakte ('U can't touch this'). Niet toevallig treedt MC Hammer in Silicon Valley om de haverklap op bij techevenementen, met zijn vertrouwde *moves* en met een voor de gelegenheid aangepaste tekst op de melodie van een van zijn hits.

De laatste jaren begint het hip te worden om angel te zijn. Als je geld overhebt, kun je het beleggen of er luxe auto's voor kopen, maar investeren in een startup is minstens even lucratief en sexy. De bekendste celebrity-investeerder is Ashton Kutcher. De acteur, onder meer bekend van zijn rol als Steve Jobs in de film *Jobs* (2013), investeerde in meer dan dertig startups, waaronder Airbnb, Flipboard, Foursquare en Path – aanvankelijk via het fonds van Ron Conway, sinds 2011 ook via zijn eigen fonds A-Grade Investments. Andere beroemdheden die in startups investeren zijn onder meer Justin Timberlake, Lady Gaga, Kanye West, will.i.am en Justin Bieber.[192] Rapper Dr. Dre investeerde in zijn eigen koptelefoonbedrijf Beats, dat in 2014 voor 3 miljard dollar werd overgenomen door Apple.[193]

Een relatief nieuwe ontwikkeling is AngelList, een platform waar angels en startups met elkaar in contact kunnen komen. Via 'syndicates' is het sinds de zomer van 2013 mogelijk om je aan te sluiten bij angels met een goede reputatie.[194] Je kunt elke deal met een bepaald bedrag ondersteunen en zo meeliften op hun oordeelsvermogen. Deze groepen angels worden zo in feite kleine VC's. AngelList zegt het investeren te willen democratiseren: het wil iedereen de kans geven om te profiteren van de enorme kapitaalgroei in Silicon Valley; niet door pas aandelen te kopen bij een beursgang, maar door er al in de vroegste fase in te stappen. Maar het blijft een bijzonder riskante manier om geld te beleggen. Jason Calacanis, een van de actiefste angels op AngelList, vergelijkt het met een roulettespel waarbij je op zo veel mogelijk vakjes een chip legt: 'Je moet gokken, gokken, gokken, met ijs in je aderen, in de volle overtuiging dat je na tientallen flops een winnaar binnensleept van epische proporties.'[195]

STARTUPKLIMAAT: NEDERLAND vs. SILICON VALLEY

Het uitgebreide netwerk van investeerders is een van de voorwaarden voor het bestaan van Silicon Valley. Hoe zit dat in Nederland? Nederland kent een eigen techindustrie – denk aan de navigatiedienst TomTom in Amsterdam of het hightechbedrijf ASML in Eindhoven – maar het investerings- en ondernemersklimaat is niet te vergelijken met dat in Silicon Valley. De cijfers spreken boekdelen: in 2013 investeerden VC's in Silicon Valley 12,2 miljard dollar;[196] Nederlandse durfinvesteerders gaven dat jaar 150 miljoen euro uit, wat omgerekend in dollars neerkomt op 204 miljoen.[197] De VC-markt in Silicon Valley is dus bijna zestig keer zo groot als die in Nederland, terwijl het om een kleiner gebied gaat, met minder mensen. Waar ligt dat aan?

Coos Santing onderzocht in opdracht van de Nederlandse ministeries van Financiën en Economische Zaken de financieringsstructuren in Silicon Valley. 'Nederlandse investeerders zijn minder bereid risico te nemen. Ze vragen om garanties die beginnende startups nog niet kunnen bieden,' vertelt hij. Investeerders in Silicon Valley zijn sneller bereid om een gok te wagen en accepteren dat startups niet precies kunnen zeggen wanneer zij break-even zullen draaien of winst zullen maken. 'Bovendien beschikken zij over een invloedrijk netwerk dat zij kunnen inzetten om startups succesvol te maken', aldus Santing. 'Dat is een veelgehoorde reden waarom Nederlandse startups naar Silicon Valley vertrekken.'

VC's in de VS geven sneller geld dan Europese investeerders – de vuistregel luidt: twee keer zo snel.[198] Zij geven ook meer geld – de vuistregel luidt: twee keer zoveel.[199] Daar staat tegenover dat de concurrentie in de Bay Area heftiger is. Uit de hele wereld komen startups naar Silicon Valley om hun geluk te beproeven. Vele redden het niet en keren onverrichter zake terug naar huis.

Het mislukken van een startup hoeft in Silicon Valley echter niet het einde van een carrière als ondernemer te betekenen. 'In Nederland wordt een faillissement gezien als een brevet van onvermogen,' vertelt de Nederlandse schuldhulpverleningsspecialist Jacqueline Zuidweg. 'Een ondernemer die failliet is gegaan, zal niet snel een nieuwe investering krijgen.' In de VS wordt een ondernemer die failliet gaat minder hard veroordeeld. Ook in de VS zijn hierin weer gradaties: in Silicon Valley wordt falen bijvoorbeeld meer geaccepteerd dan aan Wall Street.[200] Zuidweg: 'Failliet gaan wordt in de VS, en zeker in Silicon Valley, beschouwd als teken van lef en doorzettingsvermogen. Je wordt niet ontmoedigd om opnieuw te beginnen, je hebt juist waardevolle ervaringen opgedaan die je kunt meenemen naar je volgende bedrijf. Op je bek gaan is prima, als je er maar iets van leert.'[201]

Dat verschil tussen Nederland en de VS is onder meer terug te vinden in de faillissementswetgeving. Volgens de uit 1896 stammende Nederlandse faillissementswet kun je als ondernemer na een faillissement nog twintig jaar aansprakelijk worden gehouden voor schulden, terwijl je in de VS vaak dezelfde dag nog een doorstart kunt maken.[202] Het voordeel voor Nederlandse ondernemers die in zwaar weer verkeren, is het sociale zekerheidsstelsel, vertelt Zuidweg. 'Als je bedrijf in Nederland over de kop gaat, kun je terugvallen op de overheid. In de VS is er veel minder sprake van een "zachte landing" en kunnen mensen na een faillissement wel degelijk diep in de problemen raken. Maar als het je lukt om jezelf te herpakken, krijg je wel sneller een tweede kans.'

ZES TIPS VOOR NEDERLANDSE STARTUPS IN SILICON VALLEY

1. Wees onbescheiden
Denk groot: waarom ben jij *The Next Big Thing*? Amerikanen scheppen graag op over hun product en over hoe het de wereld zal gaan veranderen. Investeerders verwachten niet anders, dus doe er vooral een schepje bovenop.

2. Wees positief
Wat in Nederland kan doorgaan voor open of direct, kan in Silicon Valley negatief overkomen. In Silicon Valley zijn er nooit problemen, alleen *issues* of *opportunities*. Klaag niet over een jetlag, een pijntje of een verkoudheid en snijd vooral geen gevoelige onderwerpen aan als politiek of religie.

3. Netwerken, netwerken, netwerken
In Silicon Valley verloopt alles via persoonlijke introducties, dus netwerken is extreem belangrijk. Loop zo veel mogelijk events en borrels af, ook als ze niet direct nuttig lijken – je weet nooit hoe een koe een haas vangt. Ga lunchen of koffie drinken met alle mensen die je eventueel verder zouden kunnen helpen. En betaal altijd de koffie van je gesprekspartner, al is die nog zo rijk.

4. Wees to the point
Je komt in Silicon Valley makkelijk met mensen in contact, maar je moet wel meteen duidelijk maken waarom jij hun tijd waard bent. Maak in een paar zinnen duidelijk waarom jouw product ertoe doet en geef een snelle en heldere demonstratie van het product.

5. Kleed je informeel
Draag geen pak, dan val je uit de toon. De dresscode in Silicon Valley is informeel, maar dat betekent niet dat het niet uitmaakt wat je aanhebt – een hanenkam of *gothic look* kun je beter laten. Met een spijkerbroek en een geruite blouse of capuchontrui zit je altijd goed.

6. Houd Europa erbuiten
Silicon Valley bestaat uit een internationale gemeenschap, maar in praktisch opzicht zijn ze erg op Amerika gericht. Amerikaanse investeerders willen gewoon een Amerikaans telefoonnummer kunnen bellen en daarbij niet hoeven na te denken over een eventueel tijdsverschil. Lukt het niet om je meteen helemaal in Silicon Valley te vestigen? Regel dan zo snel mogelijk een klein kantoortje om te laten zien dat je in de buurt bent. En open een Amerikaanse rekening, want euro's willen ze niet.

EEN NEDERLANDSE STARTUP IN SILICON VALLEY: WERCKER

Geld ophalen voor een startup in Silicon Valley: hoe werkt dat in de praktijk? Een Nederlander die dat is gelukt, is de Amsterdammer Micha Hernandez van Leuffen (33). Zijn bedrijf Wercker is een online platform voor programmeurs om webapplicaties te testen op fouten. Hij haalde voor Wercker in 2013 een miljoen dollar op bij Greylock Partners, een grote vc aan Sand Hill Road, in een deal waarbij ook de Amsterdamse vc's Shamrock Ventures en Vitulum Ventures betrokken waren.

Toen hij naar Silicon Valley vloog om geld op te halen, dacht hij aanvankelijk twee weken in de vs te blijven. Dat bleek al snel te kort. Hernandez van Leuffen: 'Je kunt niet zomaar aanbellen bij een investeerder, alles loopt via introducties. De eerste weken heb ik daarom heel veel kopjes koffie gedronken met vergelijkbare bedrijven die hun eerste investering al binnen hadden.' Hoewel hij eerder computerwetenschappen studeerde in San Francisco en daardoor al aardig wat contacten had, kostte het netwerken hem toch meer tijd dan verwacht. 'Ook vrienden brengen je niet zomaar in contact met hun investeerders,' vertelt hij. 'Pas als ze echt overtuigd zijn van het product, stellen ze je voor.'

Na een paar weken had hij een eerste afspraak met een investeerder. Dat ging niet zoals gehoopt. Hernandez van Leuffen: 'Hij mompelde iets van: "Je hoort nog wel van me." Oftewel: einde verhaal.' De pitch waarop hij in Amsterdam goede reacties had gekregen, sloeg in Silicon Valley niet aan. 'Je moet in Silicon Valley agressiever pitchen dan in Nederland. Dat wist ik wel, maar toch moest ik er zijn om het te snappen. Je moet een visie uitdragen: waarom ben jij *the next big thing*? Waarom is jouw bedrijf de nieuwe Google?' Met hulp van vrienden in Silicon Valley gooide hij zijn pitch om. Alle Hollandse bescheidenheid moest overboord. 'Nu doe ik makkelijk grote uitspraken. Dan zeg ik met een stalen gezicht: *"Wercker is the future for how software gets delivered on the internet."*'

Na een paar weken begonnen de afspraken te lopen, van informele meetings met angel investors in koffiezaakjes tot pitches bij deftige vc's aan Sand Hill Road. Maar hoe ongedwongen de afspraak ook leek, de investeerders maakten het hem nooit gemakkelijk. 'Ze stellen altijd moeilijkere vragen dan je kunt beantwoorden,' aldus Hernandez van Leuffen. 'Vragen ze: heb je klanten? Dan komt daarna: heb je ook betalende klanten? Dat doorvragen, dat is hun werk. Je moet je er niet door van je stuk laten brengen.' In sommige gevallen werd hij direct afgewezen. Vaker bleef het antwoord uit. 'Veel investeerders durven niet direct "ja" te zeggen. Maar afwijzen willen ze ook niet; ze zijn bang om iets te missen. Ze proberen tijd te rekken, ze willen zien wat andere investeerders doen zodat ze zich eventueel later bij een deal kunnen aansluiten. Het is een pokerspel waarbij iedereen elkaar in de gaten houdt.'

Zijn doorbraak bij een investeerder kwam uiteindelijk via een contact in Amsterdam tot stand. Dan Harple, een Amerikaanse internetondernemer die de in Amsterdam gevestigde investeringsmaatschappij Shamrock Ventures runt, zag wel wat in Wercker. Hij mobiliseerde zijn netwerk in Silicon Valley. Bij de gerenommeerde vc Greylock Ventures aan Sand Hill Road kende hij iemand met een portfolio dat goed paste bij Wercker. Greylock

Ventures ging overstag. Ook Harple's Shamrock Ventures en de kleine Amsterdamse vc Vitulum Ventures sloten zich aan, en de deal van een miljoen dollar was rond.

Hernandez van Leuffen pitchte in totaal 46 keer voor hij deze deal in de wacht sleepte. Het hele proces nam ruim een halfjaar in beslag. Al die tijd leefde hij van zijn spaargeld, zonder garantie dat hij de financiering van de grond zou krijgen. Zonk de moed hem niet in de schoenen? Hij schudt zijn hoofd. 'Als je het zo formuleert, klinkt het alsof ik gek ben,' zegt hij lachend. 'Maar nee, ik heb er altijd in geloofd. Dat moet ook wel; voor twijfel is in Silicon Valley geen ruimte. Je moet er vol voor gaan, anders kan je net zo goed thuisblijven.' Zijn vastberadenheid bracht het gewenste resultaat: op het moment van schrijven werkt Wercker aan een nieuwe investeringsronde en heeft het bedrijf uitbreidingsplannen.

DEZE NEDERLANDSE STARTUPS MAAKTEN DE STAP NAAR SILICON VALLEY

• Een van de grootste investeringen kreeg het in Amsterdam opgerichte big data-bedrijf Elasticsearch. In drie rondes haalde het bedrijf maar liefst 104 miljoen dollar op bij grote vc's uit Silicon Valley, waaronder New Enterprise Associates, Index Ventures en Benchmark. Het bedrijf heeft hoofdkantoren in Amsterdam en Los Altos.

• Peter Laanen geeft in het Nederlandse consulaat in San Francisco advies aan Nederlandse ondernemers die de stap naar Silicon Valley willen wagen. Hij krijgt elk jaar meer dan honderd Nederlandse bedrijven over de vloer, maar hij kent er slechts enkele die een investering uit Silicon Valley wisten binnen te halen. Een greep:

• Het 3D-printplatform Shapeways uit Eindhoven haalde in 2013 dertig miljoen dollar op in een ronde die werd geleid door Andreessen Horowitz, een grote vc uit Silicon Valley. In twee eerdere rondes haalde het bedrijf al ruim zeventien miljoen dollar op bij andere vc's. Het bedrijf is gevestigd in Eindhoven en New York.

- De Amsterdamse datavisualisatiedienst Silk haalde in drie seed-rondes 3,7 miljoen dollar op bij de onder andere in Silicon Valley gevestigde VC New Enterprise Associates (NEA). Het bedrijf is gevestigd in Amsterdam en San Francisco.

- Fitnessapp Human, ontwikkeld door Amsterdamse ondernemers, haalde in 2013 een onbekend bedrag op bij verschillende angel investors en VC-fondsen in Amsterdam en Silicon Valley. Het bedrijf is gevestigd in San Francisco.

- Het Amsterdamse cloudbedrijf Cloud9 IDE haalde in 2011 5,5 miljoen dollar op bij het onder meer in Silicon Valley gevestigde VC-bedrijf Accel Partners en het Australische bedrijf Atlassian Software. Het bedrijf breidde het Amsterdamse team uit en opende een kantoor in San Francisco.

- Het Amsterdamse virtual realitybedrijf Layar kreeg in 2010 in een 'Series A'-ronde 3,4 miljoen dollar van de Nederlandse durfinvesteerder Prime Ventures en het in Silicon Valley gevestigde Sunstone Capital. Later dat jaar kreeg Layar in een volgende ronde tien miljoen dollar van Intel Capital, de investeringstak van Intel. Het bedrijf is in 2014 voor een onbekend bedrag overgenomen door het Britse bedrijf Blippar.

- Geen investering maar een overname door een van de belangrijkste spelers uit Silicon Valley, dat overkwam de jongens van Sofa. Het Amsterdamse softwarebedrijf werd in 2011 voor een onbekend bedrag overgenomen door Facebook. Het team verhuisde van Amsterdam naar Menlo Park om het designteam van Facebook te versterken.

CROWDFUNDING

Lukt het niet om een voet aan de grond te krijgen bij een angel investor of een VC-fonds? Er is een alternatief: crowdfunding. Dit is het door een groep ('de crowd') laten financieren van een project. Het werkt zo: als je een idee hebt, presenteer je je plannen op een crowdfundingsite, meestal aan de hand van een korte video. Ook geef je aan hoeveel geld je daarvoor nodig hebt. Vervolgens kan iedereen geld inleggen, wat overigens formeel niet voor een investering mag doorgaan, maar een donatie. Als het streefbedrag wordt gehaald, kun je je plannen verwezenlijken en krijgen de donateurs het afgesproken eindproduct. Als het streefbedrag niet wordt gehaald, dan gaat het plan niet door en krijgen de eventuele donateurs hun geld terug.

Crowdfundingsites zijn een relatief nieuw fenomeen; de twee belangrijkste, Indiegogo en Kickstarter, bestaan pas sinds respectievelijk 2008 en 2009. Toch spelen ze al een belangrijke rol in het investeringsklimaat van Silicon Valley. De eerste investeringsronde, die van Friends, Family & Fools, is opengesteld voor iedereen, waardoor er al in een vroege fase flinke bedragen kunnen worden opgehaald. Onder de mensen die investeren bevinden zich veel early adopters, hippe gadgetliefhebbers die niet per se een gepolijst product willen maar er als eerste bij willen zijn. Deze mensen vinden het vaak leuk om mee te denken over wat er beter kan: op die manier speelt de crowd ook een rol bij het testen en verbeteren van een product.

In principe kun je van alles crowdfunden: van een techproject tot boeken en films, van goede doelen tot een practical joke. In die laatste categorie valt de Amerikaanse cabaretier Kurt Braunohler, die via Kickstarter met succes zesduizend dollar ophaalde om een vliegtuig 'Hoe moet ik landen?' in de lucht te laten schrijven.[203] Maar crowdfundingsites zijn met name geschikt voor hardwareprojecten, die resulteren in een tastbaar product. Kickstarter wordt als een van de oorzaken gezien van de hernieuwde populariteit van hardwareproducten in de afgelopen jaren ('*hardware is the new software*', luidt een bekende slogan in Silicon Valley).

Een voorbeeld van zo'n hardwareproject is de *smartwatch* Pebble, een slim horloge dat communiceert met je smartphone. Pebble geldt tot op heden als de succesvolste Kickstartercampagne ooit. De Canadese bedenker Eric Migicovsky (27) kwam op het idee in Nederland toen hij als uitwisselingsstudent door Delft fietste. 'Ik kon niet, zoals Nederlanders, fietsen en tegelijkertijd op mijn telefoon kijken,' vertelt hij. 'Het zette mij aan het denken: zou het niet handig zijn als je op je horloge kunt zien of je gebeld wordt of een bericht krijgt?'

Op 11 mei 2012 lanceerde Migicovsky zijn Kickstartervideo. Hij dacht honderdduizend dollar nodig te hebben voor de productie van de eerste serie horloges en hoopte dit bedrag in een maand op te halen. Na één dag had hij al 10.000 dollar binnen, geen gek resultaat. Maar toen hij de volgende dag wakker werd, stond de teller plots op 600.000 dollar. Het gadgetweblog *Engadget* had over Pebble geschreven en de lezers wilden massaal zo'n horloge hebben. 'Ik kneep in mijn arm om te kijken of ik niet droomde,' vertelt Migicovsky. 'Elke keer als ik de pagina ververste, was er weer een paar duizend dollar bij.' Aan het eind van de maand had hij meer dan tien miljoen dollar opgehaald; honderd keer meer dan zijn streefbedrag.

'Ik was niet zozeer onder de indruk van het geld, als wel van de enorme media-aandacht,' vertelt Migicovsky terugblikkend. 'Iedereen wilde met mij praten: tv, kranten, weblogs. Ook buitenlandse media. Ik had nog nooit zoiets meegemaakt.' Het Kickstartersucces veranderde het project ook in logistiek opzicht. 'Ik ging ervan uit dat ik tweeduizend horloges zou produceren. Nu moest ik er opeens zeventigduizend maken. Ik moest andere leveranciers zoeken, de productie naar het buitenland verplaatsen en als een gek op zoek naar personeel.' De eerste Pebbles werden pas een halfjaar na de aangekondigde datum naar de klanten verscheept.

Niettemin heeft de Kickstartercampagne Pebble veel opgeleverd. Met driehonderdduizend verkochte horloges is Pebble tot op heden de succesvolste smartwatchproducent, op een markt waar inmiddels ook grote spelers zijn te vinden zoals Google, waarvan de software onder meer wordt ondersteund door LG, HTC, Samsung en Motorola, en ook Apple werkt aan een eigen horloge. Bij Pebble werken inmiddels meer dan honderd mensen en het bedrijf breidt verder uit. Voor die uitbreiding kreeg Migicovsky een jaar na de Kickstarteractie van een aantal VC-bedrijven vijftien miljoen dollar. Het verhaal van Pebble laat zien dat een Kickstartercampagne meer is dan alleen een snelle manier om aan geld te komen: het zorgt voor naamsbekendheid, toont aan dat de markt interesse heeft in een bepaald product en geeft bedrijven de kans om te laten zien wat ze in huis hebben. Zonder Kickstarter was Pebble wellicht nooit van de grond gekomen.

Het succes van Pebble op Kickstarter is echter een uitzondering. Talloze crowdfundingprojecten gaan roemloos ten onder. Op het moment van schrijven hadden zo'n 90.000 van de circa 155.000 Kickstarterprojecten hun streefbedrag niet behaald; meer dan de helft dus.[204] Indiegogo publiceert geen statistieken, maar volgens schattingen flopt daar zelfs 90 procent van alle projecten.[205] Er is kortom geen garantie op succes. Toch bieden crowdfundingplatforms in vergelijking met angel- en vc-investeringen een relatief eenvoudige en toegankelijke manier voor startups om geld op te halen. In sommige gevallen zullen investeerders, net als bij Pebble, na een succesvolle campagne wél over de brug komen.

ACCELERATORS: STARTUPSCHOLEN

Paul Graham met deelnemers van het Y Combinatorprogramma in de zomer van 2009 © Kevin Hale

Om de innovatiefabriek van Silicon Valley draaiende te houden, is een constante toeloop van nieuwe bedrijfjes nodig. Een onmisbare schakel in de startupmachine zijn *accelerators*, speciale programma's die startups een vliegende start moeten geven. Er bestaan allerlei varianten: er zijn publiek en privaat gefinancierde accelerators, met of zonder winstoogmerk. Doorgaans geven accelerators beginnende startups een klein startkapitaal, in ruil voor een aandeel in het bedrijf. De startups ontwikkelen vervolgens onder begeleiding van ervaren mentoren gedurende enkele maanden een eerste versie van een product. Aan het einde van het programma vindt een 'demoday' plaats, waarbij de startups hun product presenteren aan media en investeerders. Zo kunnen de bedrijfjes in sneltreinvaart doorstomen van een idee naar een eerste investering.

De eerste accelerator en ook veruit de meest gerenommeerde is Y Combinator in Mountain View, opgericht in 2005 door internetondernemer Paul Graham.[206] Startups krijgen van Y Combinator 120.000 dollar in ruil voor een aandeel van 7 procent.[207] Maar het is de deelnemende startups niet om het geld te doen; het gaat ze om de intensieve begeleiding, het onbetaalbare advies en het uitgebreide netwerk van Y Combinator. Y Combinatorstartups hebben een significant grotere kans van slagen dan 'gewone' startups. Sommige van de 620 startups die het programma hebben doorlopen zijn inmiddels grote spelers in Silicon Valley, zoals de nieuwssite Reddit, het opslagbedrijf Dropbox, de woningverhuursite Airbnb, het AB-testbedrijf Optimizely en de online betaalsite Stripe.

Sinds Y Combinator van start ging is het concept talloze keren gekopieerd. Er bestaan wereldwijd inmiddels honderden acceleratorprogramma's; in Nederland heb je sinds 2012 bijvoorbeeld Rockstart Accelerator en Startupbootcamp.[208] Maar het succes van Y Combinator is vooralsnog onovertroffen. De belangstelling is groot: uit de meer dan drieduizend aanmeldingen worden er twee keer per jaar een stuk of vijftig geselecteerd. Ook investeerders zijn gek op Y Combinatorbedrijven. Zo besloten de Russische investeerder Yuri Milner en het investeringsbedrijf van superangel Ron Conway in 2011 om alle deelnemende startups van Y Combinator 150.000 dollar te geven. Ze hoefden niet eens te weten waar ze mee bezig waren; de stempel 'Y Combinator' was voldoende.[209]

Het succes van Y Combinator ligt volgens oud-deelnemers in Grahams gave om talent te herkennen. Airbnb-CEO Brian Chesky vergelijkt hem daarin met de legendarische muziekproducent John Hammond: 'Zoals Hammond Bob Dylan spotte toen niemand hem nog kende, weet Graham wanneer een startup potentie heeft.'[210] Graham is vooral geïnteresseerd in de samenstelling van teams, vertelt hij. 'Een sterk team is veel belangrijker dan een goed idee, zeker in de oprichtingsfase. Een startup gaat gepaard met veel stress en het is belangrijk dat de oprichters elkaars sterke en zwakke punten kennen. Een goed team met een slecht idee kan makkelijk bijsturen of met iets nieuws beginnen. Een slecht team met een goed idee redt het nooit.'

Het programma van Y Combinator is verder betrekkelijk simpel. De startups verblijven drie maanden in Silicon Valley om te werken aan hun product (drie maanden is mede ingegeven door visa-restricties: de meeste niet-Amerikaanse startups hoeven dan geen visumprocedure te doorlopen). Elke dinsdagavond komen de startups samen in Mountain View om te eten en hun voortgang te bespreken. De maaltijden zijn eenvoudig – burrito's of spaghetti met rode saus – maar dan wel in gezelschap van wereldberoemde gastsprekers zoals Facebook-CEO Mark Zuckerberg en Yahoo-CEO Marissa Mayer. Verder kunnen de startups altijd terecht bij Graham en zijn team voor persoonlijk advies, al benadrukt Graham dat de verantwoordelijkheid voor het slagen van een startup bij de oprichters zelf ligt. Aan het begin van het programma spreekt Graham de deelnemende startups daarom streng toe: 'Als je stom bezig bent, ga ik niet achter je aanrennen en roepen: je verkloot het, je verkloot het, stop ermee het te verkloten! We willen je graag helpen, maar als je afdrijft en niets doet, komen wij je niet redden. Het is zwemmen of verzuipen.'[211]

WHITE BOYS CLUB?

Durfinvesteerder John Doerr liet zich eens ontvallen dat hij bij voorkeur investeerde in 'blanke, mannelijke nerds die zijn gestopt met hun studie aan Stanford of Harvard en geen sociaal leven hebben'.[212] Weinig politiek correct, maar ga naar een willekeurig evenement in Silicon Valley of kijk naar de namen die langskomen in dit boek en je merkt al snel dat Silicon Valley een wereld van voornamelijk blanke mannen is. Er zijn wel enkele prominente vrouwen, zoals Marissa Mayer (CEO van Yahoo), Sheryl Sandberg (COO van Facebook) en Meg Whitman (CEO van HP), maar dat zijn uitzonderingen. Techwerkers met een Afro-Amerikaanse of Latino-achtergrond zijn al helemaal moeilijk te vinden.

Het gebrek aan vrouwen en minderheden is een groot taboe in Silicon Valley. Het ideaal van een meritocratie staat hoog in het vaandel: het gaat er niet om wie je bent of hoe je eruitziet, maar om wat je kunt. Als je echter kijkt naar de gemiddelde techwerker, lijkt die toch aardig overeen te komen met de omschrijving van Doerr. Als je echter kijkt naar de gemiddelde techwerker, komt deze aardig overeen met de omschrijving van Doerr. Daar kunnen twee conclusies uit getrokken worden: blanke mannen zijn simpelweg beter in het ontwikkelen van technologie, of, en dat is waarschijnlijker, Silicon Valley is niet zo meritocratisch als het zegt te zijn en sluit vrouwen en minderheden bewust of onbewust uit.

Actiegroepen en journalisten probeerden jarenlang antwoord te krijgen op de vraag hoeveel vrouwen en minderheden er nu precies bij techbedrijven in Silicon Valley werken. Techbedrijven die samenwerken met de federale overheid moeten deze cijfers namelijk verplicht rapporteren. Immers, pas als de cijfers bekend zijn is het duidelijk hoe groot het probleem werkelijk is en kunnen stappen worden gezet om de diversiteit te vergroten. Maar tot voor kort hielden vrijwel alle techbedrijven deze cijfers angstvallig geheim.

cnn-journaliste Julianne Pepitone probeerde in 2011 om deze informatie van twintig grote techbedrijven te verkrijgen met een beroep op de Amerikaanse Wet Openbaarheid van Bestuur, de Freedom of Information Act (foia). Dell, Ingram Micro en Intel gaven gehoor, de overige bedrijven reageerden woedend. Apple, Google, Hewlett-Packard, ibm en Microsoft gingen zelfs in hoger beroep: het delen van deze informatie zou hun concurrentiepositie aantasten, beweerden hun bedrijfsadvocaten. Na anderhalf jaar juridische strijd liet Pepitone het erbij zitten.[213]

44

Halverwege 2014 besloot Google het roer om te gooien. 'We weigerden altijd om cijfers prijs te geven over de diversiteit van de werknemers bij Google,' aldus hoofd personeelsmanagement Laszlo Bock in een begeleidende blogpost. 'We realiseren ons nu dat dit verkeerd was en dat we open kaart moeten spelen. Google is simpel gezegd niet waar we willen zijn als het gaat om diversiteit en het is moeilijk om hier iets aan te veranderen als je niet bereid bent om hierover een open, op feiten gebaseerde discussie te voeren.'[214] Uit de plots gepubliceerde cijfers bleek dat dertig procent van de Googlers vrouw is, twee procent Latino en één procent zwart.

Kort na Google gingen ook LinkedIn[215], Yahoo[216] en Facebook[217] overstag. Bij LinkedIn bleek bijvoorbeeld 39 procent vrouw, 4 procent Latino en 2 procent zwart. Yahoo en Facebook keken behalve naar de cijfers van het gehele bedrijf ook naar de diversiteit in de technische en leidinggevende functies. Daaruit bleek: hoe hoger of technischer de functie, des te minder diversiteit. Zo is bij Facebook 69 procent van de werknemers man, in leidinggevende functies is dat 77 procent en in technische functies zelfs 85 procent. Bij Yahoo zie je een vergelijkbare verdeling.

Waarom zijn de techbedrijven nu opeens wél open over de diversiteit onder hun personeel, of liever, het gebrek daaraan? De belangrijkste reden is de toename van de publieke druk. Zo voerde de bekende predikant en burgerrechtenactivist Jesse Jackson in de maanden ervoor intensief campagne voor meer diversiteit bij techbedrijven. Hij ging naar de aandeelhoudersvergaderingen van onder meer Google, Apple, Facebook en Twitter en drong aan op publicatie van de diversiteitsrapporten. Ook binnen de techbedrijven zelf is er meer aandacht voor het onderwerp. Zo publiceerde Facebook-topvrouw Sheryl Sandberg het boek *Lean In* (2013), een krachtig pleidooi voor meer vrouwen in topfuncties.[218] Nu moest het bedrijf natuurlijk ook de eigen diversiteitscijfers onder de loep nemen.

Tot slot zijn er inhoudelijke redenen om het grote aantal blanke mannen binnen techbedrijven kritisch tegen het licht te houden. Een reeks studies toont aan dat bedrijven met meer diversiteit betere resultaten boeken, vertelt Terry Morreale van het National Center for Women & Information Technology. Een rapport van dit instituut vat een aantal van deze studies samen.[219] Zo blijkt uit een van de studies dat teams met evenveel mannen als vrouwen meer experimenteren en efficiënter te werk gaan. Bedrijven met werknemers uit verschillende achtergronden hebben ook een beter gevoel voor wat er in de samenleving speelt en kunnen daardoor een groter marktaandeel veroveren. Een andere studie laat zien dat meer vrouwen en minderheden in een bedrijf kunnen leiden tot een grotere omzet, meer klanten en een hogere winst.

Tegelijk met het publiceren van hun diversiteitscijfers kondigden de bedrijven daarom ambitieuze plannen aan om diversiteit in hun bedrijf te bevorderen. Google stelde vijftig miljoen dollar beschikbaar om jonge vrouwen aan te moedigen om te leren programmeren – op dit moment is van alle informaticastudenten in de vs maar 18 procent vrouw. Ook werkt het bedrijf samen met een aantal Amerikaanse universiteiten waar van oudsher veel zwarten en Latino's studeren. LinkedIn investeert in onderwijsprogramma's en Facebook zei werknemers door middel van trainingen bewuster te willen maken van 'onbewuste vooroordelen'. Verder kondigden de bedrijven samenwerkingsprogramma's aan met de vele actiegroepen voor diversiteit in Silicon Valley zoals Girls Who Code, Code 2040 en National Society of Black Engineers.

Freada Kapor Klein van de actiegroep Kapor Center for Social Impact noemt de recente aandacht voor diversiteit in Silicon Valley een 'aardverschuiving'. 'Jarenlang hebben leiders van techbedrijven volgehouden dat in Silicon Valley alleen de besten de top bereiken,' zegt ze in een verklaring.[220] 'Zodra zij erkennen dat sommige groepen bewust of onbewust worden buitengesloten, kunnen zij hun meritocratische ideaal écht waarmaken.'

Morreale is kritischer. 'In het beste geval betekent het vrijgeven van deze diversiteitsrapporten dat deze bedrijven écht iets willen veranderen,' zegt ze. 'In het slechtste geval is het een poging tot goede pr.' Ze wijst erop dat niet alle techbedrijven meegaan in de nieuwe golf van transparantie: op het moment van schrijven houden Apple, Oracle, Microsoft en eBay de lippen nog altijd stijf op elkaar. 'Maar de discussie wordt nu in elk geval openlijk gevoerd.'

VAN EEN STARTUP...

Hoe ziet het dagelijks leven van een startup eruit? Oprichters van techbedrijven vertellen allemaal hetzelfde verhaal: je begint niet aan een startup om een comfortabel leventje te leiden, je begint omdat je een idee hebt waar je in gelooft en dat je koste wat kost wilt laten slagen. Het startupleven is een lifestyle, waarbij je soms genoegen moet nemen met krankzinnige werkdagen, instabiele inkomsten en een onzekere toekomst. Het resultaat staat voorop; geld, vrije tijd en comfort zijn van secundair belang.

Bij startups is nog weinig hiërarchie en zijn de rollen van de werknemers nog niet nauw gedefinieerd, vertelt Valentin Smirnoff (30), een Nederlandse ondernemer die sinds vier jaar in Silicon Valley woont en gedurende tien jaar vijf startups heeft opgericht. 'Je houdt allerlei ballen tegelijk in de lucht: je werkt aan het product, de financiering, marketing... In de praktijk komt het er vaak op neer dat iedereen met alles tegelijkertijd bezig is.' Werk en privé lopen volstrekt door elkaar heen, zegt hij. 'Het is geen 9 tot 5-baan, het werk gaat eigenlijk altijd door. Soms droom ik zelfs over mijn bedrijf.' Een gezinsleven laat zich niet eenvoudig combineren met de werkdruk en de onzekerheid die bij het startupleven horen. Ondernemers in Silicon Valley zijn dan ook vaak jong – twintigers en dertigers, soms zelfs tieners.

Techondernemers leven zeker in de vroege fase van hun bedrijf vaak van hun eigen geld. Zij proberen de uitgaven daarom zo laag mogelijk te houden. Startups moeten er volgens Paul Graham naar streven *ramen profitable* te zijn: zolang er genoeg geld is om van noedelsoepjes (ramen) te overleven, zit het goed.[221] Zelfs dat is geen gemakkelijke opgave, want de kosten voor levensonderhoud zijn in Silicon Valley torenhoog. De gemiddelde huur van een tweekamerappartement lag in 2014 in Palo Alto net onder de 3000 dollar per maand en in San Francisco zelfs op 3500 dollar – San Francisco heeft daarmee de hoogste huren in de VS.[222] Het is voor oprichters van beginnende startups dan ook niet ongebruikelijk om samen één appartement te huren en daar zowel te wonen als te werken (zie ook: 'Hackerhuizen').

Kantoorruimte is in Silicon Valley al even kostbaar. Om die reden werken startups vaak in 'coworking spaces', kantoorruimtes waar je een los bureau kunt huren. In Silicon Valley vind je allerlei coworking spaces, vaak met een eigen karakter en eigen voorwaarden, zoals The Hub (voor maatschappelijk betrokken startups), Parisoma (voor prille startups), Rocketspace (voor verder gevorderde startups) en Runway (voor alle startups, mits uitgenodigd).

Ook koffietentjes zijn een geliefde werkplek. Zeker als er gratis internet wordt aangeboden en er veel stopcontacten zijn, worden cafés vaak volledig overgenomen door startupjongens. Sommige koffietentjes in San Francisco zijn dat zat en verbieden laptops of beperken het wifi-gebruik. Aan iemand die de hele dag een plek bezet houdt en maar twee kopjes koffie drinkt, valt immers maar weinig te verdienen. In reactie daarop zijn er inmiddels cafés in San Francisco die zich geheel op startups richten. Zo mag je bij het Workshopcafé voor twee dollar per uur zo lang werken als je wilt, zonder boze blikken van de barista als je niet elk uur een kop koffie bestelt.[223]

Nu klinkt het misschien alsof het startupleven alleen uit ploeteren bestaat, maar dat is zeker niet het geval. 'Soms is het zwaar,' zegt Smirnoff, 'maar niets is leuker dan met een groepje vrienden te knallen om je dromen werkelijkheid te maken. Ik krijg er enorm veel energie van: je bent jong, *the sky is the limit, let's go.*'

Het vroegere visitekaartje van Mark Zuckerberg © Chace Liang

Journalist David Kirkpatrick schetst een treffend beeld van de begindagen van Facebook in het boek *The Facebook Effect*.[224] Mark Zuckerberg, toen nog een tiener, huurde in 2004 in Palo Alto een vierkamerappartement met zwembad waar hij woonde en werkte met zes anderen. Iedereen at, sliep en werkte op verschillende tijden; de communicatie verliep bij voorkeur in filmquotes (Zuckerbergs favoriet kwam uit *Top Gun*: '*Too close for missiles. Switching to guns*'). Intussen was het huis een zoete inval voor vrienden en werden er grote, met drank overgoten feesten gegeven. Een van de jongens had een kabel aan de schoorsteen bevestigd, waarmee je onder luid gebrul het zwembad in kon slingeren. Zuckerberg kon zich, veel meer dan nu, nog puberale uitspattingen permitteren. Zo had hij twee visitekaartjes: op de ene stond kortweg 'CEO'; op de andere: 'I'm CEO, Bitch.'

STARTUPHUIZEN

Overal in Silicon Valley vind je startuphuizen: plekken waar techondernemers samen wonen en werken. Nederlander Thatcher Peskens (32), oprichter van Share Square,[225] woonde een tijdje in een startuphuis in San Francisco; een villa met zestien bewoners, boven op een van de heuvels in de stad. Alle kamers werden gedeeld: de twee meisjes die er woonden hadden een eigen kamer, de mannen sliepen verdeeld over de vijf overige slaapkamers. Peskens sliep met vijf anderen in een slaapzaal met drie stapelbedden.

Hij betaalde 1100 dollar per maand voor een stapelbed. 'Mijn Nederlandse vrienden verklaarden me voor gek,' vertelt Peskens, 'maar gezien de huurprijzen in San Francisco was het eigenlijk best een goede deal'. Hij kreeg er ook veel voor terug: een comfortabele werkplek, supersnel internet, een sportruimte, een tuin, een reusachtige woonkamer met open haard en een groot balkon met schitterend uitzicht over de stad. En vooral: medebewoners die ook bezig waren met een startup. 'Dag of nacht, er was altijd wel iemand aan het werk,' zegt Peskens. 'Dat was erg motiverend. Elke zondag aten we samen en vertelden we waar we mee bezig waren, zodat we elkaar konden helpen.'

Het startuphuis van Peskens werd na anderhalf jaar alweer opgeheven. De huur van de villa werd in 2013 fiks verhoogd, waardoor de stapelbedden 1400 dollar per maand zouden kosten. Dat werd hen iets te gortig.[226] Zo snel kan het gaan in Silicon Valley. Toch zijn dit soort wooncontructies voor techondernemers in Silicon Valley sterk in opkomst.[227] Want hoewel het buiten Silicon Valley vaak raar wordt gevonden om genoegen te nemen met een stapelbed, kan het zomaar zijn dat in een van die stapelbedden een van de toekomstige techmiljonairs ligt te slapen.

... NAAR EEN GROOT BEDRIJF

Terwijl het startupleven spartaans en onzeker is, worden werknemers van grote techbedrijven juist volledig in de watten gelegd. In Silicon Valley bestaat een onophoudelijk tekort aan getalenteerde techneuten, en techbedrijven doen er daarom alles aan om de beste programmeurs binnen te halen én te behouden. In het eerste hoofdstuk zagen we hoe HP al in de jaren zestig een bedrijfsfilosofie ontwikkelde die het pamperen van werknemers combineerde met een uitdagende werkomgeving ('The HP Way'). Techbedrijven in Silicon Valley hebben deze bedrijfsfilosofie steeds verder doorgevoerd: de secundaire arbeidsvoorwaarden (*perks*) zijn bij het ene bedrijf nog uitzinniger dan bij het andere.

Het begint met de salarissen. Terwijl een gemiddeld jaarinkomen van een huishouden in Californië rond 58.000 dollar ligt, verdient een beginnende programmeur al snel een ton per jaar en kunnen ervaren techneuten miljoenen opstrijken – nog los van bonussen en een mogelijk lucratief optiepakket.[228] Een optiepakket (opties op aandelen die later verzilverd kunnen worden) is gebruikelijk in Silicon Valley. Het zorgt ervoor dat werknemers extra gemotiveerd zijn om het bedrijf te laten slagen. Stijgt de waarde van het bedrijf, dan profiteren de werknemers mee; gaat het bedrijf failliet, dan verliest iedereen.

Naast standaardzaken als een zorg-, tandarts- en soms ook een levensverzekering bieden bedrijven in Silicon Valley hun werknemers gratis maaltijden, snacks, vervoer van huis naar het werk via een shuttlebus met wifi en een abonnement op de sportschool. Daar wordt niet op bezuinigd: lunches van topchefs, onbeperkte sushi en *personal trainers* zijn standaard.

Verder kunnen techbedrijven het zo gek maken als ze maar willen. Notitie-appbedrijf Evernote heeft bijvoorbeeld schoonmakers in dienst die onder werktijd de huizen van hun werknemers aan kant maken.[229] Videostreamingbedrijf Netflix geeft 'onbeperkte vakantie', wat uiteraard niet betekent dat je nooit hoeft te komen opdagen, maar wel dat er veel speelruimte wordt geboden in de planning – zeker in de VS, waar twee weken vakantie per jaar de norm is, een ongekende luxe.[230] Facebook bouwt een reusachtig appartementencomplex op loopafstand van het hoofdkantoor in Menlo Park, zodat werknemers in de oververhitte woonmarkt in Silicon Valley eenvoudig woonruimte kunnen vinden.[231] Het complex met 394 woningen heeft een eigen bar, een kapper, een fietsenmaker, een yogaruimte en een honden- en kattenspa.

De absolute nummer één op het gebied van perks is Google. Het bedrijf doet er alles aan om het de ruim vijfenveertigduizend werknemers naar hun zin te maken. De campus in Mountain View, de Googleplex, is een op zichzelf staand dorp met alle voorzieningen die je maar kunt bedenken: eten van topchefs in tientallen restaurants, een was- en strijkservice, olieverversing voor je auto, fietsenmakers, kappers, dokters, kinderopvang, moestuinen en ruimtes om een dutje te doen (of liever: een 'power nap'). De Googlecampus heeft een sportcentrum van zeven hectare met fitnessruimtes en voetbal-, basketbal-, volleybal- en tennisvelden. Je kunt er zwemmen, biljarten, bowlen, yoga- of danslessen nemen en ga zo maar door. Dan zijn er nog concerten, lezingen, borrels en feesten en komen regelmatig beroemdheden op bezoek, zoals Barack Obama, Lady Gaga of David Beckham, om te vertellen over hoe zij de Googlediensten gebruiken (en om Googlers een leuke dag te bezorgen). Als je zou willen, zou je de hele week kunnen vullen met alle activiteiten op de Googlecampus aflopen.

De glijbaan in het kantoor van YouTube

Uiteraard komen al deze extraatjes niet alleen de werknemers ten goede, maar zijn ze ook in het belang van het bedrijf. De shuttle met wifi zorgt ervoor dat je geen tijd verliest aan files, maar al direct in de bus aan de slag kunt. Het gratis eten zorgt ervoor dat je het kantoor niet uit hoeft om ergens te lunchen. Schoonmakers nemen huishoudelijk werk uit handen, de sportschool en verzekeringen zorgen ervoor dat iedereen gezond blijft en concerten en bowlingbanen bieden ontspanning waarna de werknemers met goede moed en nieuwe inspiratie nóg harder aan de slag gaan. Google heeft zelfs een eigen afdeling die onderzoekt hoe het bedrijf de werknemers gelukkiger en gezonder kan maken, zodat ze zo veel mogelijk waarde toevoegen aan het bedrijf en niet overstappen naar een andere werkgever.

De 'Googlers', zoals de werknemers van het bedrijf worden genoemd, waarderen deze inspanningen. Google voert al jaren de *Fortune*-ranglijst aan van de beste werkgevers in de vs.[232] Jaarlijks solliciteren twee miljoen mensen op de circa achtduizend vacatures bij Google, wat betekent dat slechts 0,004 procent van alle sollicitanten wordt aangenomen.[233] Alleen de beste, slimste en meest gemotiveerde mensen komen binnen. Het hebben van getalenteerde collega's noemen veel Googlers een van de belangrijkste reden om bij het bedrijf te werken.

Dat heeft echter ook een keerzijde: veel Googlers zijn overgekwalificeerd voor hun werk. Immers, niet iedereen kan zich bezighouden met spannende projecten zoals de zelfrijdende auto, er moet ook minder verheven werk worden verricht. 'Er zijn Googlers die aan de beste universiteiten hebben gestudeerd en technische ondersteuning geven voor Google's advertentieproducten, handmatig YouTubefilmpjes verwijderen waar meldingen over zijn binnengekomen of simpele testjes uitvoeren om te kijken welke kleur van een knopje op de site beter werkt,' schrijft een anonieme oud-medewerker op de vraag-antwoordsite Quora..[234] Hij of zij somt op:

– Het is moeilijk om snel promotie te maken, omdat de mensen boven je net als jij hoogopgeleid zijn en een hoge arbeidsethos hebben. Als iedereen in het bedrijf buitengewoon getalenteerd is en je vrij eenvoudig werk moet verrichten, is het moeilijk om je te onderscheiden.

– Het werk geeft wellicht niet zo veel intellectuele voldoening (lees: is saai). Het is onprettig om het gevoel te hebben dat je niet met iets belangrijks bezig bent, zeker voor de ambitieuze types die het is gelukt om bij Google binnen te komen.

– Sommige mensen verliezen in de loop der tijd hun *drive* bij Google. Zij doen niet meer zo hard hun best en proberen gewoon een goede tijd te hebben.

Maar, zo vervolgt de oud-Googler, 'veel Googlers zijn overduidelijk de besten in hun vakgebied en weten het maximale uit zichzelf te halen. Als je je carrière in eigen handen neemt, kun je bij Google een rol vinden die je uitdaagt en voldoening geeft.'[235] Deze Quora-bijdrage wordt door veel Googlers onderschreven: Google is een spannend bedrijf met veel slimme mensen en er wordt goed voor de medewerkers gezorgd, maar dat betekent niet dat alles wat er gedaan moet worden even interessant is. Tussen alle glijbanen, massages en concerten door moet er uiteindelijk ook gewoon gewerkt worden.

STARTUPCULTUUR IN GROTE BEDRIJVEN

Het wordt wel de 'innovatieparadox' genoemd: grote techbedrijven hebben veel kennis en kunde in huis en kunnen grote budgetten vrijmaken voor innovatie, maar toch hebben kleine startups vaak de revolutionaire ideeën. Volgens Tony Davila en Marc Epstein, twee managementprofessoren die onderzoek deden naar deze innovatieparadox, komt dit doordat grote bedrijven de neiging hebben om zich te richten op het uitbouwen van bestaande producten en minder oog hebben voor nieuwe uitvindingen. Naarmate een bedrijf groeit, wordt geprobeerd de productie zo efficiënt mogelijk te maken en worden meer en meer managers aangesteld. In zo'n omgeving kan een blindheid ontstaan voor nieuwe ontwikkelingen en manieren hoe daarop in te spelen.[236]

De techbedrijven in Silicon Valley zijn zich hiervan terdege bewust. Meer dan eens misten zij de aansluiting bij *the next big thing*: Apple ontging aanvankelijk de opkomst van internet (wat het bedrijf later goedmaakte met de iPhone), Google ontging de trend van online sociale netwerken (wat het zonder succes probeerde op te lossen met Google+) en Facebook dreigde de boot te missen met diensten om privéberichten uit te wisselen (om die reden legde Zuckerberg een fortuin neer voor WhatsApp). Google-CEO Larry Page gaf in een interview toe: 'Grote bedrijven – en misschien ook Google – zijn niet zo goed als zij zouden moeten zijn in het vroeg genoeg herkennen van nieuwe ontwikkelingen.'[237]

Dat leidt tot een opvallende trend: terwijl startups ervan dromen om uit te groeien tot de nieuwe Facebook of Google, proberen de grote bedrijven juist de startupmentaliteit vast te houden.

Ieder bedrijf doet dat op zijn eigen manier. Zo geeft Google zijn werknemers veel vrijheid voor eigen projecten, in de hoop dat er voldoende nieuwe ideeën blijven opborrelen. De beroemde '20 procent'-regeling is daar een voorbeeld van: Googlers mogen 20 procent van hun tijd besteden aan een project naar keuze, bijvoorbeeld door mee te werken bij een project van een ander team of door een eigen idee voor het bedrijf uit te werken. Uit die 20 procent-tijd zijn hele nieuwe afdelingen van Google ontstaan, zoals Gmail, Google News en AdSense. De regeling is sinds het aantreden van Larry Page als CEO in 2011 overigens enigszins teruggeschroefd, omdat het bedrijf te zeer alle kanten op groeide.[238] Maar het principe dat Google-werknemers worden aangemoedigd om projecten buiten hun directe functieomschrijving op te zetten, leeft nog altijd.[239]

Apple probeert de startupmentaliteit te behouden door de organisatie op een bijzondere manier in te richten.[240] Binnen Apple wordt gewerkt in kleine teams – nooit meer dan honderd mensen, zeg maar het formaat van een middelgrote startup. De doelstellingen van deze teams worden gedicteerd van bovenaf, maar de werknemers krijgen wel veel vrijheid in hoe zij die doelstellingen behalen. Tussen de teams vindt zo min mogelijk communicatie plaats. Het team dat de iPhone ontwikkelde, had bijvoorbeeld geen contact met het team van de iPod, destijds het belangrijkste product van Apple. 'Een klassiek bedrijf zou bang zijn dat de iPhone de iPod zou kannibaliseren,' vertelt iemand die de beide teams kende, in een boek over de managementcultuur van Apple. 'Er zou frictie ontstaan tussen de teams over de cultuur en de te ontwikkelen technologie.'[241] Die spanningen waren er bij Apple niet, simpelweg omdat de twee groepen niet met elkaar spraken. Het iPhoneteam kon zich zonder enige afleiding richten op de ontwikkeling van een revolutionair product en opereerde in feite als een startup binnen het bedrijf.

Facebook hoopt de startupmentaliteit vast te houden door de hackercultuur uit de begintijd van het bedrijf in ere te houden. Toen Mark Zuckerberg Facebook nog vanuit zijn studentenkamer runde, organiseerde hij een inmiddels legendarische hackathon – de winnaar werd zijn eerste stagiair.²⁴² Het bedrijf houdt deze traditie in ere door elk jaar een aantal hackathons te organiseren. Programmeurs sluiten zich dan voor een weekend op om met hun collega's in een informele omgeving nieuwe ideeën uit te proberen; de Timeline van Facebook is hier bijvoorbeeld uit voortgekomen. Facebook verwijst overal naar deze hackercultuur: de straat waaraan Facebook ligt, is omgedoopt tot de 'Hacker Way', het centrale plein heet 'Hacker Square'.

Een relatief nieuwe ontwikkeling is dat techbedrijven in Silicon Valley intern speciale afdelingen oprichten waarin werknemers vrijuit mogen experimenteren – zeg maar startups binnen het eigen bedrijf. Zo heeft Facebook Creative Labs, een afdeling waar onder meer de apps Paper en Slingshot uit zijn voortgekomen. Google heeft het geheimzinnige onderzoekslab Google X, waar wordt gewerkt aan ambitieuze projecten zoals Google Glass, de zelfrijdende auto en project Loon, waarmee Google via reusachtige luchtballonnen internet naar afgelegen gebieden wil brengen. Amazon experimenteert met nieuwe producten in het hardwarelab Lab 126. Daar is bijvoorbeeld de 3D-smartphone Amazon Fire ontwikkeld.

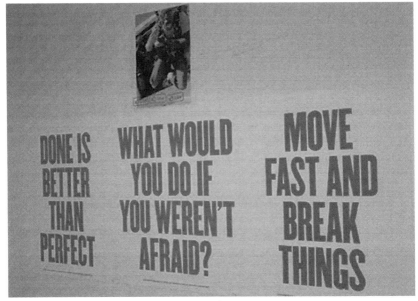

De posters met motiverende uitspraken in het kantoor van Facebook

Alle grote techbedrijven willen kortom de startupvibe vasthouden. Zelfs het door velen reeds dood verklaarde internetbedrijf Yahoo probeert zich onder leiding van CEO Marissa Mayer opnieuw uit te vinden als de 'grootste startup ter wereld'.[243] Typerend voor de angst om als groot bedrijf aan vaart te verliezen, zijn de vele posters die in het hoofdkantoor van Facebook hangen. Programmeurs worden aangemoedigd om vooral dingen uit te proberen en risico's te nemen: 'Move fast and break things', bijvoorbeeld, 'Done is better than perfect', en: 'Fail harder'. Op je bek gaan is niet erg, zo redeneren Facebook en andere techbedrijven in Silicon Valley. Het is juist veel gevaarlijker om achterover te leunen en op je lauweren te rusten.

HOOFDSTUK 4: VISIONAIRS

The next big thing, daar draait het om in Silicon Valley. Daarom kijken we in dit hoofdstuk naar de toekomst. Welke technologie gaat de toekomst bepalen? Wat bestaat er nog niet, maar wordt over niet al te lange tijd onmisbaar? Visionairs hebben hier een bijzonder goed gevoel voor. Zij 'zien' de toekomst, of beter: zij geloven in een bepaalde technologie en steken al hun tijd en energie erin om deze werkelijkheid te maken.

Er komen een aantal visionairs uit Silicon Valley aan de orde, zoals Steve Jobs, Elon Musk en de pas later als visionair erkende Douglas Engelbart. Ook kijken we welke technologieën in Silicon Valley op dit moment worden beschouwd als *the next big thing*. Het is onmogelijk om een compleet beeld te schetsen van alle ontwikkelingen in Silicon Valley; daarvoor gebeurt er te veel tegelijkertijd. Wel wordt een flink aantal technologieën besproken waarvan in Silicon Valley op dit moment veel wordt verwacht. Dat zijn grote, sciencefictionachtige vergezichten, zoals Ray Kurzweils overtuiging dat we door technologische vooruitgang in 2045 onsterfelijk worden; maar ook trends waarvan de kans groot is dat ze in onze nabije toekomst een rol zullen spelen, zoals zelflerende computersystemen, communicerende huishoudelijke apparaten, fitnessgadgets, Google Glass, robots, drones en de zelfrijdende auto.

Als je kijkt naar toekomstvoorspellingen uit het verleden, valt het op hoe moeilijk het is om buiten bestaande kaders te denken. Kijk bijvoorbeeld naar de 'school van de toekomst' zoals die in 1910 werd voorbeeld door de Franse kunstenaar Villemard. Hij voorspelde dat we in het jaar 2000 niet langer uit boeken zouden leren, maar dat kennis via een soort transmitter direct ons brein zou binnenstromen. Zulke kennistransmitters zijn nog altijd sciencefiction, maar tegelijkertijd valt op dat de forse kennismachine in Villemards voorstelling nog handmatig wordt aangedreven – ons huidige begrip van automatisering was voor hem kennelijk onvoorstelbaar.

Trends die nu veelbelovend lijken, kunnen over een paar jaar al zijn overgewaaid, en er kunnen nieuwe dingen worden uitgevonden die ons huidige voorstellingsvermogen te boven gaan. Het is dus verstandig om dit hoofdstuk met enige afstand te lezen – en tegelijkertijd de verbeelding de vrije loop te laten. Hoe de toekomst er ook uit zal zien, één ding is zonneklaar: technologie speelt een steeds grotere rol in ons leven. Daarmee komt de discussie in toenemende mate te liggen op de maatschappelijke gevolgen van technologie. Privacy, veiligheid en de groeiende macht van Silicon Valley zijn in dit hoofdstuk dan ook terugkerende thema's. We eindigen met een pleidooi van Vinton Cerf, een van de architecten van het internet. Volgens hem is het voor techbedrijven tijd om volwassen te worden en verantwoordelijkheid te nemen voor hun eigen uitvindingen, maar zijn wij ook zelf verantwoordelijk voor de richting van onze toekomst.

De 'school van de toekomst', zoals die in 1910 werd verbeeld door de Franse kunstenaar Villemard

THE NEXT BIG THING

The next big thing is een nieuwe technologie met grote impact op ons persoonlijke leven, onze cultuur, de politiek en/of de maatschappij. Het verandert de manier waarop wij werken, met anderen omgaan, denken en onszelf zien en is daarmee *disruptive* (ontwrichtend), om een buzzword uit Silicon Valley te gebruiken. De pc, het internet, de smartphone, de tablet, sociale netwerken en nieuwe vormen van communicatie zoals Twitter zijn hier voorbeelden van.

Ondernemer en investeerder Peter Thiel omschrijft *the next big thing* als de stap van 0 naar 1, oftewel het creëren van iets geheel nieuws. Daartegenover plaatst hij vooruitgang van 1 naar *n*: stapsgewijze verbetering van iets wat al bestaat, waardoor een beter, sneller, dunner, lichter of mooier product ontstaat, maar niet iets wezenlijk nieuws.[244] Grote bedrijven zijn goed in het uitbouwen en verbeteren van bestaande producten (1 naar *n*), startups zijn vaak beter in het ontwikkelen van iets geheel nieuws, zo kwam in het vorige hoofdstuk al aan de orde. Er bestaat voor het creëren van *the next big thing* geen vast recept, denkt Thiel. 'Je kunt leren programmeren en ook goed pitchen voor een investeerder valt tot op zekere hoogte te leren. (...) Maar op een bepaald moment moet je de stap maken van 0 naar 1. Dat kan niemand je leren.'[245]

The next big thing begint met een idee, een visie van hoe de toekomst eruit zal zien. Maar de ideeën van visionairs worden niet altijd serieus genomen – het is voor de rest van de wereld niet altijd duidelijk of de visionair gek is of geniaal. Douglas Engelbart, de uitvinder van de muis die in het tweede hoofdstuk aan bod kwam, werd uitgelachen door zijn collega's. Zijn baas verzocht hem vriendelijk doch dringend om met andere, meer praktische voorstellen te komen.[246] Pas veel later kreeg hij erkenning voor zijn revolutionaire ideeën, zoals de grafische interface, hyperlinks, teleconferenties en natuurlijk de muis. Tegen de tijd dat die technologieën gemeengoed waren, was de wat eigenaardige Engelbart al met vervroegd pensioen, gefrustreerd en teleurgesteld dat mensen hem niet begrepen.

Een goede visionair heeft dus niet alleen een goed idee, maar is ook in staat om anderen te overtuigen van de potentie ervan. Pas als je anderen ertoe kan aanzetten een nieuw product te kopen, te gebruiken en in te bedden in het dagelijks leven, krijgt een product momentum en is er sprake van *the next big thing*. De vraag of, wanneer en vooral waarom een product al dan niet aanslaat, laat zich niet makkelijk beantwoorden. Om een idee te krijgen van hoe nieuwe technologieën maatschappelijk omarmd worden of juist niet, staan we iets langer stil bij twee voorbeelden: de lange aanlooptijd van de mobiele telefoon en de kortstondige hype van Second Life.

GESTAGE OPMARS OF KORTSTONDIGE HYPE: DE MOBIELE TELEFOON EN SECOND LIFE

De mobiele telefoon is een typisch voorbeeld van een technologie die je *disruptive* kunt noemen: het heeft ons gedrag en de maatschappij diepgaand veranderd. Een afspraak hoef je niet meer van tevoren te plannen, je kunt op het laatste moment kijken waar en wanneer je elkaar treft. Bezorgde ouders hoeven niet ongerust te wachten tot hun kinderen thuiskomen, maar kunnen telefonisch informeren waar ze uithangen. Privé en werk zijn sterker door elkaar gaan lopen: het werk blijft niet achter op kantoor als je om vijf uur de deur achter je dichttrekt; met de smartphone draag je je kantoor altijd in je broekzak. Omgekeerd kun je ook op je werk in contact staan met het thuisfront, Facebooken of chatten met je vrienden.[247]

Uitvinder Martin Cooper met het prototype van de Motorola DynaTAC uit 1973
© *Rico Shen*

De mobiele telefoon is niet meer weg te denken uit ons dagelijks leven. Uit onderzoek blijkt dat het stressniveau bij mensen stijgt als ze hun mobiele telefoon niet in de buurt hebben; Amerikanen zeggen zelfs dat ze minder goed kunnen leven zonder smartphone dan zonder seks.[248] Toch duurde het enige tijd voordat het mobieltje zo'n centrale plek in ons leven zou innemen. Het was een sluipend proces, waarbij het grote publiek langzaam aan het idee wende, de technologie steeds goedkoper werd en het mobieltje in de loop der tijd veel meer functies kreeg.

De voorloper van de mobiele telefoon, de walkietalkie, was er al in de jaren veertig. Deze technologie bleef beperkt tot een selecte groep gebruikers, zoals militairen, binnenvaartschippers en chauffeurs. In 1973 werd het eerste prototype van een mobiele telefoon ontwikkeld door Martin Cooper, een onderzoeker bij Motorola. Het apparaat woog meer dan een kilo en was zo groot als een baksteen, maar toch was het een grote doorbraak: Cooper zag een toekomst voor zich waarin de telefoon niet alleen thuis, maar ook op straat door iedereen te gebruiken zou zijn. Het duurde nog tien jaar voordat de eerste mobiele telefoon voor consumenten werd uitgebracht, de Motorola DynaTAC 8000x. Deze kostte vierduizend dollar en was daarmee alleen een optie voor zakenmannen.

Met de introductie van het GSM-netwerk in 1993 werd de technologie een stuk toegankelijker. Door betere batterijtechnologie werden de mobieltjes bovendien kleiner en hoefden ze minder vaak te worden opgeladen. Begin jaren negentig betraden er vele nieuwe aanbieders de markt en nam het gebruik van mobieltjes sterk toe. Toch bleef het mobieltje nog jarenlang iets voor gadgetliefhebbers, onder het grote publiek bestond er weerstand. Toen filmmaker Frans Bromet in 1999 aan willekeurige Nederlanders op straat vroeg of zij een mobiele telefoon hadden, zeiden velen nog stellig dat zij 'zo'n ding' nóóit nodig zouden hebben. 'Ik ben niet zo belangrijk,' zeiden ze, 'ik heb een antwoordapparaat', en 'Als ik ergens strand is er altijd wel een telefooncel in de buurt of een boer bij wie ik kan bellen.'[249]

In het jaar 2000 werd de Nokia 3310 geïntroduceerd, een van de populairste telefoons aller tijden (ook bekend van het spelletje Snake). In dat jaar vond de grote omslag plaats: meer dan de helft van alle Nederlanders had een mobiel.[250] Werd het in de jaren negentig nog aanstellerig of patserig gevonden om buiten of in de trein te bellen, in het nieuwe millennium werd het mobieltje een vertrouwd gezicht. De introductie van de smartphone in 2007 intensiveerde de mobiele revolutie. Nu kon je niet alleen overal bellen, maar ook bij je e-mail, het web, GPS en talloze apps. In de trein, op straat, in het café, in bed: de telefoon is altijd binnen handbereik, als een verlengstuk van onszelf.

De geschiedenis van de mobiele telefoon laat zien dat *the next big thing* soms lang op zich kan laten wachten, niet omdat de technologie er nog niet is, maar omdat het grote publiek aanvankelijk niet het nut of de noodzaak ervan inziet. Er zijn ook producten waarvan iedereen dácht dat het *the next big thing* zou zijn, maar waar je een paar jaar later niets meer over hoorde. Second Life, geïntroduceerd in 2003 door het bedrijf Linden Labs in San Francisco, is daar een voorbeeld van.

Second Life is een virtuele wereld waarin je met een digitale versie van jezelf (een avatar) kan rondlopen (of vliegen). Je kan er een online 'tweede leven' leiden, door bijvoorbeeld huizen, meubels, kleding en andere spullen te kopen en verkopen. Ook kan je vriendschappelijke, professionele of seksuele relaties aangaan met andere Second Life-bewoners. In de media stonden al gauw verhalen over Second Life-gebruikers die rijk werden door te speculeren met virtueel vastgoed en echtscheidingen veroorzaakt doordat een van de echtgenoten zou zijn 'vreemdgegaan' op Second Life.

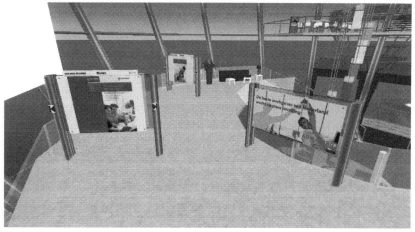

De vestiging van ABN Amro in het spel Second Life

De commercie stortte zich al gauw op deze virtuele wereld. Elk bedrijf dat modern wilde zijn opende een virtuele vestiging in Second Life, van Adidas tot Toyota.[251] Amerikaanse politici zoals Barack Obama, Hillary Clinton en Rudy Giuliani hadden er een kantoor in de aanloop tot de presidentsverkiezingen van 2008 en persbureau Reuters stelde zelfs een voltijds Second Life-verslaggever aan om te berichten over de wederwaardigheden van deze virtuele wereld. Ook Nederland was in de ban van Second Life. Politici zoals Bert Bakker van D66 en Ad Koppejan van het CDA voerden er campagne voor de verkiezingen van 2006, de TU Delft en de Vrije Universiteit bouwden er een virtuele campus en de gemeente Zoetermeer opende er een gemeenteloket.

Iedereen leek ervan overtuigd dat Second Life groot ging worden. We zouden met paars geverfd haar en een perfect lichaam onze geheime fantasieën uitleven, spectaculaire Second Life-avonturen beleven en spullen kopen met Linden-dollars. Maar dat gebeurde allemaal niet. Gebruikers raakten uitgekeken op hun avatar en al gauw hoorde je er niemand meer over. Second Life bestaat overigens nog steeds; bij het tienjarig jubileum in 2013 had het bedrijf naar eigen zeggen een miljoen gebruikers die minstens een keer per maand inlogden.[252] Dat lijkt veel, maar het valt in het niets bij de 1,3 miljard actieve Facebookgebruikers.

Second Life werd niet *the next big thing*, maar het idee dat de digitale wereld een nieuwe werkelijkheid wordt leeft nog altijd. Met Virtual Reality (VR), zoals deze stroming wordt genoemd, wordt al sinds de jaren tachtig geëxperimenteerd. Second Life verliep uitsluitend via de desktop; de meeste VR-projecten zijn ambitieuzer: via brillen, koptelefoons en soms zelfs handschoenen wordt geprobeerd om de simulatie levensecht te maken. Op het gebied van VR-technologie is er de afgelopen decennia veel gebeurd; zo kwamen er 3D-films in de bioscoop en hyperrealistische computeranimaties in films en games. Maar de volledige VR-ervaring, waarbij in het ideale geval video, audio, beweging en interactie perfect synchroon lopen, bleek technisch bijzonder complex. Mensen werden er duizelig van of gingen ervan overgeven.[253]

De laatste jaren is VR-technologie echter in een versnelling geraakt. Dat komt onder meer door de Oculus Rift, een game-*device* dat je als een soort kijkdoos op je gezicht kan zetten om je onder te dompelen in andere werelden. De Oculus Rift werd in 2012 een groot succes op Kickstarter, gamers waren laaiend enthousiast. In een review op YouTube is te zien hoe een jongen verschillende Oculus Rift-programma's uitprobeert: hij wordt onder meer opgegeten door een haai, gaat bungeejumpen, danst met meisjes op het strand, ervaart hoe het is om borsten te hebben, krijgt een auto-ongeluk, komt in een rolstoel terecht en wordt ten slotte onthoofd.[254] Allemaal virtueel dus.

In 2014 werd Oculus voor twee miljard dollar overgenomen door Facebook. Daarmee kwam Virtual Reality na jarenlange radiostilte weer onder de aandacht van het grote publiek. Facebook-CEO Mark Zuckerberg denkt dat Oculus ook interessant kan zijn voor niet-gamers: 'Na games willen we Oculus uitbreiden tot een platform voor allerlei andere ervaringen. Denk aan het levensecht ervaren van sportwedstrijden, onderwijs of een doktersconsult.'[255] De technologie heeft nog een lange weg te gaan, maar met Facebooks overname van Oculus is de kans dat Virtual Reality zal doorbreken bij het grote publiek een stuk dichterbij gekomen. Ook Second Life hoopt op een tweede leven: eind 2013 kondigde Linden Labs aan een VR-toepassing van Second Life te ontwikkelen voor de Oculus Rift.[256]

THE NEXT STEVE JOBS: ELON MUSK?

Dé visionair bij uitstek is wijlen Steve Jobs (1955-2011). Hoewel hij nooit zelf de uitvinder was, was hij een meester in het herkennen van nieuwe technologieën die toekomstbepalend zouden zijn. Toen zijn vriend Steve Wozniak een computer had gebouwd, voorzag Jobs de glorieuze toekomst van de pc. De wetenschappers van Xerox PARC bedachten de grafische interface; Jobs greep de kans om hier een commercieel product van te maken. De iPod, de iPhone en de iPad waren stuk voor stuk revolutionaire producten die de markt definitief zouden veranderen. Volgens de filosofie van Jobs laat een goede visionair zich niet leiden door marktonderzoek, maar creëert hij zelf de vraag. 'Henry Ford [de oprichter van autofabrikant Ford, red.] zei eens: "Als ik aan mensen zou vragen wat ze willen, zouden ze antwoorden: een sneller paard!",' aldus Jobs. 'Mensen weten niet wat ze willen tot je het aan ze laat zien.'[257]

Sinds het overlijden van Jobs in 2011 is er in Silicon Valley veel discussie over de vraag wie nu de grote visionair is. De naam die het vaakst opduikt is die van Elon Musk, oprichter van het commerciële ruimtevaartbedrijf SpaceX en het bedrijf in elektrische auto's Tesla Motors. In Nederland is hij nog niet zo bekend, maar in Silicon Valley geniet hij een heldenstatus. Reden om wat langer bij hem stil te staan.

Elon Musk (1971) werd geboren in Zuid-Afrika. In 1996 begon hij met een promotietraject aan Stanford, maar hij stopte al na twee dagen om zijn eigen bedrijf te beginnen. Musk ziet internet, ruimtevaart en duurzame energie als de drie sectoren die in onze tijd het meeste kunnen betekenen voor de mensheid. Als ondernemer streeft hij ernaar op al deze terreinen impact hebben.

Hij begon met internet. Zijn eerste bedrijf Zip2, opgericht in 1996, hielp uitgevers te navigeren op het beginnende web. Compaq kocht het bedrijf drie jaar later voor 341 miljoen dollar. Zijn volgende bedrijf x.com was gericht op online betalingen. x.com werd samengevoegd met PayPal, dat op zijn beurt in 2002 voor 1,5 miljard dollar werd overgenomen door eBay. Met het geld dat Musk hieraan overhield begon hij twee nieuwe bedrijven, SpaceX en Tesla. Van beide bedrijven is hij CEO. Daarnaast investeerde hij in het zonnepanelenbedrijf SolarCity, waar hij dienstdoet als bestuursvoorzitter.

Met Tesla en SolarCity wil Musk een revolutie in duurzame energie ontketenen. Zo wil hij dat vóór 2030 het merendeel van de auto's bestaat uit elektrische auto's.[258] Dat klinkt gewaagd, maar zijn ambitie met SpaceX gaat nog veel verder: het koloniseren van Mars. De ruimtevluchten van SpaceX zijn tot nu toe onbemand, maar op termijn wil het bedrijf ook astronauten vervoeren. Bemande ruimtevaart kan volgens Musk een uitkomst bieden voor het geval dat de aarde door een ramp onbewoonbaar wordt. Ontwikkelen van ruimtevaarttechnologie ziet hij daarom als 'een verzekering op grote schaal'. In verschillende interviews heeft hij gezegd op Mars te willen sterven.[259]

Musk is de archetypische Silicon Valley-held: hij richt zich op klassieke jongensdromen, zoals snelle auto's en raketten. Tegelijkertijd streeft hij naar maatschappelijke impact, zoals een beter milieu (Tesla en SolarCity) en zelfs het redden van de mensheid (SpaceX). Hij dwingt respect af met zijn ongelooflijke arbeidsethos – hij runt twee bedrijven tegelijk, werkt naar eigen zeggen tachtig uur per week en heeft ook nog vijf kinderen. Tot slot weet hij zijn schijnbaar onrealistische doelstellingen verrassend vaak waar te maken.

'Musk werd aanvankelijk volstrekt niet serieus genomen in de ruimtevaartindustrie,' vertelt Peter Diamandis, medeoprichter van de Singularity University en oprichter van ruimtevaartstartups Zero-Gravity Corporation en Space Adventures. 'Niemand geloofde dat een buitenstaander in zo'n korte tijd een functionerend ruimtevaartbedrijf zou kunnen opzetten. Maar nu SpaceX de ene na de andere raket lanceert, hoor je die mensen niet meer.'²⁶⁰ Ook Tesla groeide uit tot een succesvol bedrijf, al was het een zware weg. Het bedrijf kampte met technische problemen en ging bijna failliet, maar inmiddels levert het bedrijf volledig elektrische auto's aan particulieren. Het Amerikaanse consumentenblad *Consumer Report* riep Tesla's luxe sedan Model S zelfs uit tot 'beste auto ter wereld'.²⁶¹

SpaceX-CEO *Elon Musk bij de lancering van de Dragon V2 spaceshuttle in 2014*
© *Reuters/Mario Anzuoni*

Net als Steve Jobs steekt Musk veel energie in het enthousiasmeren van zijn gebruikers. Alle raketlanceringen van SpaceX gaan gepaard met veel *buzz* op sociale media en spectaculaire filmpjes van het resultaat. Mensen die een Tesla kopen mogen de auto komen ophalen in de hypermoderne fabriek in Fremont, waar ze een overdonderende rondleiding krijgen langs de honderden vuurrode robotarmen die in razende vaart de fraai vormgegeven auto's in elkaar zetten. De auto's van Tesla moeten zó mooi en sexy zijn dat iedereen ze wil hebben en er vervolgens enthousiaste verhalen over vertelt aan wie ze maar wil horen. Dan, denkt Musk, komt die energierevolutie vanzelf.

SCIENCEFICTION WORDT WERKELIJKHEID': XPRIZE FOUNDATION EN SINGULARITY UNIVERSITY

Elon Musks plannen om Mars te koloniseren zullen veel mensen als totale sciencefiction in de oren klinken, maar in Silicon Valley kijken ze daar niet zo van op. Het gebied heeft een grote aantrekkingskracht op mensen die sciencefiction als inspiratie gebruiken (zie ook het kader 'De toekomst in sciencefiction'). In sciencefiction kunnen technologische ontwikkelingen zowel tot rooskleurige als angstaanjagende toekomstbeelden leiden, maar in Silicon Valley overheerst vrijwel altijd de positieve variant. De ambities kunnen niet groot genoeg zijn: als er maar genoeg wordt geïnvesteerd in technologie, kunnen alle problemen worden opgelost, is het idee.[262] De opwarming van de aarde, honger, armoede en ziektes, er is geen probleem dat technologie niet zou kunnen oplossen. Zelfs de dood wordt door sommigen in Silicon Valley beschouwd als een praktisch probleem dat met het voortschrijden van de technologie in de redelijk nabije toekomst kan worden overwonnen.

Dit grenzeloos vertrouwen in technologische vooruitgang is bij uitstek te vinden bij de XPRIZE Foundation, een stichting die als doel heeft om 'radicale technologische doorbraken die de mensheid verder helpen' te bevorderen.[263] Dat gebeurt door middel van wedstrijden waaraan teams van over de hele wereld kunnen deelnemen. Het prijzengeld en de teams worden vaak gefinancierd door techbedrijven en rijke particulieren uit Silicon Valley.

Bij de eerste XPRIZE-wedstrijd in 1996 werd tien miljoen dollar uitgeloofd voor het team dat als eerste ter wereld een particulier, herbruikbaar ruimtevaartuig kon ontwikkelen. Het ruimtevaartuig moest minstens honderd kilometer boven de aarde vliegen om vervolgens terug te keren en binnen twee weken opnieuw de ruimte in, zo luidde de opdracht. Er deden 26 teams mee. In 2004 – dus acht jaar later – werd de wedstrijd gewonnen door een team dat gefinancierd was door Microsoftmede-oprichter Paul Allen.

Sindsdien heeft de stichting allerlei prijsvragen uitgeschreven om technologische doorbraken te stimuleren op het gebied van energie, milieu, onderwijs, gezondheid en ontwikkelingshulp. Er is de Google Lunar XPRIZE voor de eerste commerciële maanlanding, de Automotive XPRIZE voor de eerste auto die honderd kilometer kan rijden op 2,35 liter benzine en de Wendy Schmidt Oil Cleanup x Challenge voor het ontwikkelen van een methode om de oceaan snel schoon te krijgen na een olieramp. De Qualcomm Tricorder XPRIZE heeft tien miljoen dollar uitgeloofd voor het eerste team dat een mobiel apparaat kan ontwikkelen dat 'even goed als of beter dan menselijke artsen een medische diagnose kan stellen' – net als het gelijknamige apparaatje uit de sciencefictionserie *Star Trek*.[264] Het motto van de stichting luidt niet voor niets: 'Maak van sciencefiction werkelijkheid.'

Nog zo'n broedplaats van ambitieuze, technologieminnende hemelbestormers is de Singularity University. Dat is geen klassieke universiteit (en is ook niet geaccrediteerd), maar een trainingscentrum dat cursussen aanbiedt aan mensen uit onder meer het bedrijfsleven. De Singularity University is gelegen op de campus van het NASA Ames Research Center, vlak bij het hoofdkantoor van Google – beide partijen zijn bij de universiteit betrokken.

Het doel van de Singularity University is om 'leiders te inspireren om exponentieel ontwikkelende technologieën in te zetten en zo de grote uitdagingen van de mensheid aan te gaan'.[265] Hoe kan de wereldbevolking worden gevoed zonder dat de aarde uitgeput raakt? Hoe kunnen goedkoop drinkwater, elektriciteit en gezondheidszorg worden geleverd aan zo veel mogelijk mensen? Denk groot, luidt de opdracht: de inzet van de Singularity University is om technologische innovaties te stimuleren die de komende tien jaar een positief effect hebben op zeker één miljard mensen. En denk commercieel: "'s werelds grootste problemen zijn 's werelds grootste zakelijke kansen,' aldus Singularity University-oprichter Peter Diamandis.

Uit de Singularity University zijn inmiddels zo'n dertig bedrijven voortgekomen – allemaal ambitieus, idealistisch en technologisch vooruitstrevend. Made in Space bijvoorbeeld, een bedrijf dat 3D-printers levert die aan boord van een ruimteschip extra onderdelen kunnen printen. Of Matternet, dat via drones noodhulp wil verlenen in crisisgebieden. Of Modern Meadow, dat door middel van biotechnologie leer- en vleesproducten wil maken. Hamburgers uit een petrischaaltje, voor minder dierenleed en een beter milieu.

Remco Bloemen (27), een ondernemer die in Nederland een cybersecuritybedrijf runt, won in 2013 een wedstrijd waardoor hij een zomer aan de Singularity University kon studeren. Met tachtig mensen uit veertig landen – geselecteerd uit drieduizend aanmeldingen – broedde hij tien weken lang op plannen om de wereld te verbeteren. Een aantal van zijn medestudenten hadden de Arabische lente meegemaakt en zochten naar manieren om democratie te bevorderen. Met hen ontwikkelde hij Bitgov, een programma waarmee mensen wereldwijd digitaal op wetsvoorstellen kunnen stemmen.[266] 'Het was bedoeld als een gedachte-experiment om te kijken hoe de kloof tussen burgers en politici kan worden verkleind,' vertelt de Twentenaar. 'Maar toen ik het project na tien weken mocht pitchen aan een jury met investeerders, namen ze het uiterst serieus. Ze wilden er alles van weten.'

Bloemen keerde na zijn tijd bij Singularity weer terug naar zijn bedrijf in Nederland, maar hij hoopt dat anderen Bitgov verder ontwikkelen. Er is interesse. 'Een paar weken na mijn tijd bij Singularity bezocht ik een hackerconferentie in Milaan', vertelt Bloemen. 'Tijdens een gesprek over de toekomst van democratie vroeg een hacker mij of ik wel eens van Bitgov had gehoord. Ik vertelde hem dat ik het zelf had gemaakt. Hij wilde het project verder uitwerken; ik was blij verrast dat het idee in de tussentijd kennelijk al de wereld was over gereisd.'

RAY KURZWEIL & SINGULARITEIT

Een van de drijvende krachten achter de XPRIZE Foundation en de Singularity University is Ray Kurzweil. Kurzweil is bekend vanwege zijn vergaande, niet onomstreden toekomstvisie: hij denkt dat we door technologische vooruitgang binnen niet al te lange tijd onsterfelijk zullen worden. Kurzweil wordt lang niet door iedereen serieus genomen, hij heeft de reputatie van zowel visionair als fantast. Toch heeft hij een grote schare volgelingen in Silicon Valley, onder wie Google-oprichters Larry Page en Sergey Brin, die hem recent aanstelden als hoofd engineering bij Google.

Kurzweils toekomstvisie draait om 'singularity' ('singulariteit'), het moment dat mens en machine samenvallen. Hij grijpt hierbij terug op de Wet van Moore, die in het eerste hoofdstuk al aan de orde kwam. Moore voorspelde dat het aantal transistors in een chip elke twee jaar verdubbelt, waardoor de rekenkracht en de geheugenruimte van computers exponentieel toeneemt. Volgens Kurzweil leidt dit ertoe dat kunstmatige intelligentie op een gegeven moment de menselijke intelligentie voorbij zal streven. Computers krijgen dan een eigen bewustzijn en kunnen zelfstandig handelen – op dat moment is er sprake van 'singulariteit'.

Wat gebeurt er dan precies? De sciencefictionschrijver en wiskundige Vernor Vinge, die de term voor het eerst op deze manier gebruikte, noemt het aanbreken van singulariteit in een essay uit 1993 het 'einde van het menselijke tijdperk'.[267] Er zal een nieuw tijdperk beginnen dat door mensen met de huidige intelligentie niet te bevatten is, een tijdperk dat 'te anders is om zich te voegen naar onze klassieke indeling van goed en kwaad'.[268] De mens is overgeleverd aan de wil van machines; en wat machines willen, kunnen wij niet begrijpen.

Kurzweil is beduidend positiever. In zijn vuistdikke boek *The Singularity is Near* (2005) beschrijft hij het aanbreken van singulariteit niet als het einde, maar juist als de verlossing van de mensheid.[269] Er breekt een glorieus tijdperk aan waarin er zoveel technologische kennis is dat alle grote wereldproblemen kunnen worden opgelost. De vervuiling wordt een halt toegeroepen, honger en armoede zullen verdwijnen, ziektes worden bestreden en we kunnen in een handomdraai elk product creëren dat we ons maar wensen. Misschien wel het meest intrigerende is dat volgens Kurzweil met het aanbreken van singulariteit onsterfelijkheid zal aanbreken.

In Kurzweils visie zal ten eerste de medische wetenschap grote sprongen maken, waardoor we veel langer, zo niet altijd, kunnen blijven leven. Ten tweede zijn computers op een zeker moment zó ver ontwikkeld, dat ze het hele menselijke geheugen kunnen bevatten. Als ons lichaam ophoudt te bestaan, kunnen we ons brein op een harde schijf uploaden en digitaal verder leven. Er is dan geen duidelijk onderscheid meer te maken tussen mens en machine, de echte en de virtuele werkelijkheid. Als we maar genoeg archiefmateriaal hebben, is het volgens Kurzweil zelfs mogelijk om mensen die al zijn overleden digitaal weer tot leven te wekken, zodat we virtueel met onze reeds overleden geliefden kunnen worden herenigd. In de documentaire *Transcendent Man* (2009) laat Kurzweil stapels zorgvuldig geconserveerde brieven en andere persoonlijke documenten van zijn vroeg overleden vader zien. Hij is ervan overtuigd dat dit kan helpen om hem op termijn digitaal te doen herleven.[270]

Kurzweil heeft niet alleen een bijzonder specifieke voorstelling van wat er gebeurt als het moment van singulariteit aanbreekt, hij weet ook precies wanneer dit gaat gebeuren. Namelijk in 2045. In 2029 zullen computers mensen voorbijstreven, aldus Kurzweil, en in 2045 hebben computers zoveel rekenkracht dat alle mensenbreinen kunnen worden gedigitaliseerd. Kurzweil, geboren in 1948, is dan 97 jaar. Om er zeker van te zijn dat hij dat moment meemaakt, doet hij er alles aan om zijn leven zo lang mogelijk te rekken. Hij volgt daarom een strikt dieet en slikt 150 voedingssupplementen per dag.

Het zal de meeste mensen onwaarschijnlijk in de oren klinken, om niet te zeggen knettergek. Maar in Silicon Valley vindt Kurzweil gehoor; niet alleen vanwege zijn baanbrekende werk op het gebied van kunstmatige intelligentie, maar ook omdat het idee dat technologische vooruitgang alle problemen kan oplossen er vrij gangbaar is. Onsterfelijkheid gaat velen te ver, maar dat we door technologische innovatie veel langer kunnen leven, is in Silicon Valley algemeen geaccepteerd. Michel Muurmans, een Nederlander die aan de Singularity University studeerde, vroeg verschillende docenten van Singularity hoe oud zij dachten te worden. 'Voor sommigen was het eeuwige leven voorstelbaar, de meest conservatieve schatting was 160 jaar,' vertelt Muurmans. 'Het was opvallend dat ze er allemaal lang over hadden nagedacht en hun antwoord uitvoerig konden toelichten.'

Kurzweil werkt sinds 2012 als directeur engineering bij Google, waar hij zich bezighoudt om computers spreektaal te leren begrijpen – in zijn ogen de sleutel om computers gelijkwaardig aan mensen te kunnen maken.

Daarnaast is hij betrokken als adviseur bij Calico, de geheimzinnige biotechnologietak van Google waarvan niet veel meer bekend is dan het uiteindelijke doel: het overwinnen van de dood.[271]

DE TOEKOMST IN SCIENCEFICTION

Siencefiction vormt regelmatig inspiratie voor nieuwe technologie in Silicon Valley. Hieronder volgt een beknopte selectie van de favoriete sciencefictionfilms in Silicon Valley (let op: delen van de plots worden verklapt):

Met stip op één staat *Star Trek* (eerste serie 1966-1969; verschillende vervolgen en spin-offs). De televisieserie kan in Silicon Valley rekenen op een grote schare fans, onder wie Apple-medeoprichter Steve Wozniak. In Star Trek reist Captain Kirk met zijn crew door de ruimte om diplomatieke bezoeken af te leggen bij verschillende menselijke en buitenaardse volkeren, die meestal vreedzaam samenwonen. Daarbij maken zij gebruik van allerlei gadgets waar techneuten in Silicon Valley al decennia warm van worden. We zagen al hoe Qualcomm met XPRIZE een wedstrijd heeft uitgeschreven voor de ontwikkeling van de 'tricorder', een mobiel apparaatje waarmee in *Star Trek* medische diagnoses worden gesteld. Google probeert technologie te ontwikkelen als de computer in *Star Trek*'s ruimteschip USS Enterprise: een computer die met je meedenkt, uit zichzelf informatie aandraagt en met wie je een gesprek kunt voeren. 'De *Star Trek*-computer gebruiken we niet alleen als metafoor om anderen uit te leggen wat we aan het maken zijn,' aldus Google-ingenieur Amit Singhal. 'Het is een ideaal dat we proberen waar te maken.'[272]

Andere technologieën uit *Star Trek* zijn al werkelijkheid. De 'communicator', het draadloze communicatiesysteem uit de eerste *Star Trek*-serie uit de jaren zestig, lijkt sprekend op de *flip phone* uit de jaren negentig (zo'n mobiele telefoon die je kunt openklappen). Andere voorbeelden van *Star Trek*-technologieën die nu echt bestaan zijn de tablet, teleconferenties en de draagbare computerbril. De 'transporter' die in *Star Trek* teleportatie regelt ('Beam me up, Scotty!') bestaat nog niet, maar sommigen zien in virtual reality een vergelijkbare manier om andere werelden in te stappen. Met enige fantasie kun je in Google Translate de eerste stappen zien naar de 'universal translator', het geïmplanteerde vertaalprogramma uit *Star Trek* waardoor het lijkt alsof alle buitenaardse wezens Engels spreken – pogingen van Microsoft om Skype in *real time* telefoongesprekken te laten vertalen, komen daar nog dichter bij. En moderne 3D-printers kunnen beschouwd worden als een voorloper van de 'replicator', een apparaat waarmee de *Star Trek*-crew uit het niets een kopje thee of een warme maaltijd kan laten verschijnen.

De centrale computer in *Star Trek* is er om de crew van het ruimteschip te helpen, maar de vergelijkbare superintelligente computer HAL 9000 uit de film *2001: A Space Odyssey* (1968) van Stanley Kubrick heeft een eigen agenda en beheerst alle apparatuur van het ruimteschip. Hij kan met mensen praten, herkent gezichten en emoties en praat met een griezelige hoge stem. Als de astronauten tijdens hun reis informatie willen achterhouden, besluit HAL om de astronauten om te brengen, omdat het achterhouden van informatie in strijd zou zijn met de missie. HAL is in Silicon Valley een negatief ijkpunt: bij elke superslimme computer die wordt ontwikkeld, haasten de programmeurs zich om te zeggen dat hun computer niét lijkt op HAL, oftewel niet eng of gevaarlijk is.[273]

De film *The Matrix* (1999) van de broers Wachowski speelt zich af in een duistere toekomst waarin machines de wereld beheersen. De wereld zoals wij die kennen is vernietigd, mensen worden in een kunstmatige droomwereld gehouden en dienen slechts als energieleveranciers voor computers. Een klein groepje anarchistische hackers lukt het om uit de computersimulatie te ontwaken en terug te vechten. De film zit vol verwijzingen naar programmeurs en geniet een cultstatus in Silicon Valley. Het laat de uiterste filosofische consequenties zien van Virtual Reality, namelijk de vraag of we nog wel kunnen onderscheiden wat echt is en wat niet – en of dat ertoe doet.

Een van de technologieën uit de film die nog niet bestaat maar waar veel programmeurs in Silicon Valley enthousiast van worden, is het idee dat je je lichaam en geest als een computerspelletje kunt programmeren. In een beroemde scène krijgt de hoofdpersoon vechtkunsten via een computerprogramma direct in zijn brein geüpload, om na een serie trainingen in een computersimulatie als een ware kungfugrootmeester te ontwaken ('I know kung fu'). Het is de ultieme samensmelting van mens en machine.

De film *Minority Report* (2002) van Steven Spielberg speelt zich af in het jaar 2054. Mensen worden constant in de gaten gehouden door het computerprogramma 'Precrime', dat misdrijven kan voorspellen nog voordat ze plaatsvinden. Verdachten worden vervolgens zonder proces opgepakt. Als een politieagent zelf een verdachte blijkt, vraagt hij zich af of het systeem wel waterdicht is.

Hoewel de film speelt het jaar 2054, zijn verschillende futuristische technologieën uit *Minority Report* nu al gerealiseerd, zoals irisscanners, gepersonaliseerde reclame en informatieschermen die je met handbewegingen kunt aansturen. Ook komen in de film vloten van zelfrijdende auto's voor die zichzelf netjes organiseren op de snelweg, iets waar in Silicon Valley op dit moment aan wordt gewerkt.

In de film *Her* (2013) van Spike Jonze is technologie niet angstaanjagend, maar juist verrassend vertrouwd (ook al heeft de hoofdpersoon soms ambivalente gevoelens). In *Her* wordt de hoofdpersoon verliefd op zijn besturingssysteem, dat hem via een oortje begeleidt met de zwoele stem van actrice Scarlett Johannsson. In de loop van de film wordt het besturingssysteem echter zo slim dat hij 'haar' niet langer kan bijhouden.

Ook in deze film zijn er veel gadgets en technologische ontwikkelingen die niet ver afliggen van wat er op dit moment in Silicon Valley wordt nagestreefd, zoals de computer als persoonlijk assistent, spraakherkenning, Virtual Reality-spelletjes en een huis vol met door technologie verzorgd comfort. Ook laat de film een glimp zien van de toekomstvisie van Ray Kurzweil. Zo vertelt het besturingssysteem dat ze interessante gesprekken voert met reeds overleden filosofen, die digitaal weer tot leven zijn gewekt.

ZELFLERENDE COMPUTERS

Kurzweil kijkt érg ver vooruit als het gaat om technologische ontwikkelingen, maar ook op korte termijn staat er van alles te gebeuren. Want wat je ook vindt van Kurzweils ideeën, in één opzicht heeft hij zeker gelijk: computers worden steeds slimmer en krijgen in hoog tempo vaardigheden onder de knie die tot voor kort voor onmogelijk werden gehouden.

Arthur van Hoff is een Nederlandse softwareontwikkelaar die al meer dan twintig jaar in Silicon Valley woont. Hij heeft zes startups opgericht die werden overgenomen of naar de beurs gingen. Zijn nieuwste startup, Jaunt, is een bedrijf dat apparatuur en software ontwikkelt om films te maken voor de Virtual Reality-bril Oculus Rift. Net als de VR-adepten denkt ook Van Hoff dat VR aan de vooravond van een doorbraak staat. 'We zijn nu in technologisch opzicht ver genoeg om hele nieuwe ervaringen mogelijk te maken,' aldus Van Hoff. 'Het wordt mogelijk om het gevoel te hebben dat je écht ergens bij bent, ook al ben je ergens anders.'

Watson, de supercomputer van IBM, komt als winnaar naar voren in een aflevering van Jeopardy

Naast VR verwacht Van Hoff dat kunstmatige intelligentie de komende jaren een grote vlucht zal nemen. Hij heeft het specifiek over *machine learning*, een deelgebied van kunstmatige intelligentie waarbij computers zelfstandig patronen ontdekken in grote hoeveelheden data. 'Het grote probleem van machine learning was altijd dat er niet genoeg gegevens beschikbaar waren om tot betrouwbare resultaten te komen,' zegt Van Hoff. 'Pas in de laatste jaren, sinds we massaal informatie zijn gaan delen via internet, kunnen we echt aan de slag.'

De hoeveelheid gegevens die door servers stroomt, is inderdaad duizelingwekkend. Volgens Eric Schmidt, oud-CEO van Google, besloeg alle informatie op internet in 2004 ongeveer vijf miljoen terabytes.[274] Tegenwoordig groeit het internet *elke dag* met 2,5 miljoen terabytes, ofwel de helft van de totale grootte van het internet in 2004.[275] Die bytes kunnen bestaan uit e-mails, foto's en berichtjes die we delen op sociale netwerksites, maar ook uit bijvoorbeeld GPS-gegevens en andere informatie van *real time*-sensoren. IBM schat dat 90 procent van alle data op internet in de afgelopen twee jaar is gecreëerd.[276] Door die grote datastromen wordt in Silicon Valley ook wel gesproken van *big data*. Maar big data zegt niet zoveel, aldus Van Hoff: 'Veel big data is *dumb data*, het zijn reusachtige datasets die online staan maar niet effectief worden geanalyseerd. Kunstmatige intelligentie gaat over het nuttig maken van big data. Dát is interessant.'

Het ijkpunt in kunstmatige intelligentie is de Turingtest, in 1950 bedacht door de Britse wiskundige Alan Turing (1912-1954).[277] Een computer slaagt voor deze test als een mens in een chatgesprek niet kan onderscheiden of hij met een mens of een computer praat. In de tijd van Turing was dit nog ondenkbaar, maar in de afgelopen decennia weten computers mensen in steeds meer opzichten te evenaren. 'Toen ik naar school ging, werd er gezegd: "Schaken, dat kunnen computers nooit zo goed als mensen",' vertelt Van Hoff. 'Maar in 1996 versloeg een schaakmachine de schaakgrootmeester Garri Kasparov.[278] Tien jaar geleden zeiden experts: "Computers die autorijden, ben je gek?" Ook dat is nu al werkelijkheid.' Nu machines in rap tempo leren om patronen te ontdekken in grote hoeveelheden data, gaat deze ontwikkeling nóg sneller.

Een voorbeeld daarvan is Watson, de supercomputer van IBM, die in de pers vaak wordt vaak vergeleken met een prille versie van de supercomputer HAL 9000 uit *2001: A Space Odyssey*.[279] Watson kan binnen enkele seconden het antwoord vinden op in spreektaal geformuleerde vragen. In 2005 begreep Watson nog slechts de helft van alle vragen die hem werden voorgelegd, maar in 2011 was hij al een stuk verder. Dat jaar deed Watson mee aan de Amerikaanse kennisquiz *Jeopardy* en versloeg hij met afstand zijn twee menselijke tegenstanders die eerder kampioen waren geworden. Watson was niet aangesloten op internet tijdens de show, alle informatie – ontleend aan encyclopedieën, boeken, wetenschappelijke artikelen en alle informatie op Wikipedia – was in de computer opgeslagen. Het indrukwekkende was niet alleen de enorme hoeveelheid data die Watson kon verwerken, maar ook de mate waarin hij de semantiek begreep. De vragen bestonden namelijk niet alleen uit kennisvragen ('Hoe hoog is de Eiffeltoren?'), maar ook uit raadsels en taalgrapjes. In 2013 presenteerde IBM de eerste commerciële toepassing van Watson: hij adviseert nu artsen bij de behandeling van longkanker. Ook daarin is hij bijzonder succesvol; 90 procent van de verplegers volgt zijn advies op.[280]

Allerlei techbedrijven in Silicon Valley experimenteren inmiddels met machine learning. Deze technologie zorgt ervoor dat LinkedIn op bijna griezelige wijze vrienden en kennissen kan suggereren en dat Amazon en Netflix zo goed zijn in het aanraden van boeken en films die je leuk vindt. Amazon vroeg eind 2013 een patent op 'anticipatory shipping', een methode waarbij het bedrijf al begint met het verschepen van een product nog voor je het daadwerkelijk hebt gekocht.[281] Met informatie zoals je eerdere aankopen, zoekgeschiedenis, verlanglijstjes en hoelang je cursor op een bepaalde product is blijven hangen, weet Amazon al wat je wil voor je hebt geklikt. En Facebook kan naar verluidt al vrij nauwkeurig voorspellen met wie je verkering hebt, én wanneer het uitgaat – ook als je op Facebook niet je relatiestatus hebt aangegeven.[282]

Ook bij veel nieuwe technologische ontwikkelingen die verderop in dit hoofdstuk aan bod komen, speelt kunstmatige intelligentie een rol. Denk hierbij aan computerprogramma's die de taken kunnen uitvoeren van een persoonlijk assistent, slimme huis-, tuin- en keukenapparaten, draagbare fitnessapparatuur, Google Glass, robots, drones en de zelfrijdende auto.

COMPUTER ALS PERSOONLIJK ASSISTENT

Dankzij Siri, de spraakherkennende assistent van de iPhone, zijn we al bekend met de mogelijkheid om met onze computer te praten en eenvoudige taken uit te besteden. De verwachting is dat de mogelijkheden hiervan de komende jaren significant zullen toenemen. Arthur van Hoff geeft een voorbeeld: 'Als ik nu aan mijn computer vraag: "Hoe oud is Eva?", dan weet hij dat niet. Maar hij kán het wel weten. In mijn kalender staat dat ik een afspraak met je heb, dus mijn computer zou kunnen begrijpen dat ik met Eva eigenlijk Eva de Valk bedoel. En over jou is van alles te vinden op internet. Je bent een contactpersoon van mij op LinkedIn, er staat informatie over jou op Facebook, je hebt een Google+-pagina. De kans is groot dat op een van al die plekken het antwoord te vinden is.'

Niet onder de indruk? Van Hoff geeft nog een voorbeeld: 'Stel, wij hebben een lunchafspraak en ik zoek een geschikt restaurant. Nu zou ik gaan zoeken op een aanbevelingssite als Yelp. Maar in de toekomst kent een computer misschien niet alleen mijn restaurantwensen, maar kan hij ook achterhalen wat jij lekker vindt. Hij weet of je vegetarisch bent of niet en of je een bepaald dieet volgt. Hij weet wat onze locaties zijn voorafgaand aan onze afspraak en wat een handige plek is om af te spreken. Bovendien weet hij welke restaurants op dat tijdstip nog een tafel vrij hebben. Als een computer toegang heeft tot al deze informatie en deze op een zinnige manier weet te combineren, dan zou het commando "Boek een restaurant voor mij en Eva" voor een computer voldoende moeten zijn om een aantal suggesties te geven en kan hij vervolgens zelfstandig een reservering maken en deze in onze agenda's vastleggen.'

Op dit moment is Google Now van Google de meest ambitieuze persoonlijk assistent. Google Now voert niet alleen op commando opdrachten uit (net als Siri), maar draagt ook uit eigen beweging informatie aan die nuttig voor je kan zijn. 'Ontvang de juiste informatie op het juiste moment (..) nog voordat je erom vraagt', luidt de slogan van de service.[283] De dienst maakt gebruik van alles wat Google over je weet: je zoekgeschiedenis in Google Search, informatie uit Gmail, afspraken in je Google-agenda en GPS-gegevens van je Android-telefoon. Hoe vaker je Google Now gebruikt, des te beter het patronen leert herkennen: waar je werkt, waar je sportschool is, hoelang je daar bent, welke dingen je leuk vindt, welke restaurants je bezoekt en ga zo maar door. Al deze gegevens worden gecombineerd in algoritmes, die – althans, zo is de bedoeling – precies de informatie leveren die je op dat moment nodig hebt.

Dat kan handig zijn. Als je een vliegtuig moet halen en er staat een file, kan Google Now je vertellen dat je eerder moet vertrekken en dat je een paraplu moet meenemen omdat het regent op de plek van bestemming. Voor Google is de dienst interessant omdat het nieuwe advertentie-mogelijkheden biedt. In plaats van je op willekeurige momenten lastig te vallen met advertenties, weet Google Now exact waar en wanneer hij dat het beste kan doen. Als je op weg bent naar kantoor, wil je waarschijnlijk alleen naar het nieuws en verkeersinformatie luisteren en als je aan het werk bent, wil je niet gestoord worden. Dat is anders in het weekend, als er geen afspraken in je agenda staan en je bijvoorbeeld in de buurt van een winkelcentrum bent. Als je dan een aanbieding van je favoriete kledingmerk krijgt, is de kans dat je geïnteresseerd bent vele malen groter.

De keerzijde is uiteraard de mogelijke beperking van privacy. Er zijn verhalen van Google Now-gebruikers die zich ongemakkelijk of zelfs bedreigd voelen door wat de dienst allemaal over hen weet. Zo vertelt Google Now-gebruiker Steve Brady dat hij via internet een vrouw had leren kennen. Zij woonde in een andere stad en ze hadden veel contact online. Toen hij besloot haar op te zoeken, gaf Google Now hem ongevraagd allerlei adressen door die voor hem relevant konden zijn. Toen hij haar die adressen liet zien, schrok ze: het ging onder meer om haar werkplek en de woningen van vrienden die ze onlangs had bezocht. 'Het is één ding om je relatiestatus aan te geven op sociale media, het is iets anders als Google voor mij besluit dat ik een relatie heb,' schrijft Brady op zijn Google+-pagina. 'Straks gaat Google ongevraagd onze bruiloft plannen en word ik op een dag wakker en zie dat er al een datum is geprikt, een locatie geboekt, catering geregeld en al mijn vrienden een uitnodiging hebben ontvangen. En daarna begint Google Now zeker babynamen voor te stellen...'[284]

Dat laatste zal niet zo snel gebeuren, maar illustreert wel wat voor misverstanden er kunnen ontstaan als computers voor ons gaan beslissen wat wij willen weten. Het kan zelfs gevaarlijk zijn – Brady kreeg in feite alle informatie aangereikt om haar te stalken. Arthur van Hoff wijt deze problemen aan het vroege ontwikkelingsstadium van de dienst. Het zijn kinderziektes die in de toekomst kunnen worden opgelost. 'Een goede secretaresse weet heel veel van je en weet daar discreet mee om te gaan,' zegt hij. 'Naarmate computerprogramma's slimmer worden, zullen zij ook de sociale normen beter begrijpen en daarmee steeds meer lijken op een échte secretaresse.' Van Hoff verwacht ook dat computers zich zullen aanpassen aan het karakter van de gebruiker en op den duur ook een eigen persoonlijkheid ontwikkelen. 'Zeg maar, een héél erg verbeterde Siri. Net als het besturingssysteem in de film *Her*.' Onmogelijk? Van Hoff glimlacht. 'Wacht maar af.'

SLIMME SPULLEN

Internet heeft de wereld ingrijpend veranderd, maar in Silicon Valley denken ze dat de opmars van internet nog lang niet klaar is. In toenemende mate worden spullen verbonden met internet, een stap die door marketeers wordt aangeduid met termen als *The Internet of Things* ('Het internet der dingen') of *The Internet of Everything* ('Het internet van alles').[285] David Rose van het MIT Media Lab bedacht de nog mooiere omschrijving *enchanted objects* ('bezielde spullen').[286] Met alle termen wordt hetzelfde bedoeld: het internet als een groot netwerk waarin niet alleen informatie en mensen, maar ook spullen met elkaar verbonden zijn en onderling met elkaar kunnen communiceren.

In 2008 waren er voor het eerst meer apparaten op internet aangesloten dan er mensen op aarde zijn. In 2013 waren er 13 miljard dingen met een internetverbinding en in 2020 zijn dat er naar verwachting 50 miljard.[287] Deze trend is een min of meer logisch gevolg van het steeds kleiner en goedkoper worden van chips en sensoren. Het is daardoor relatief eenvoudig geworden om alledaagse apparaten aan te sluiten op internet: horloges, camera's, koelkasten, auto's, koffiezetapparaten, lampen, schoenen, kleren, tandenborstels, prullenbakken, sloten en wat je verder maar kunt bedenken.

Veel van deze apparaten kunnen op afstand worden bediend, bijvoorbeeld via een smartphone of tablet. En veel van deze spullen zijn 'slim': ze reageren op input van buitenaf en herkennen patronen in de manieren waarop het product wordt gebruikt. Veel Kickstarterprojecten richten zich op dit soort slimme hardwareproducten en ook grote spelers in Silicon Valley zoals Cisco, Salesforce, Apple en Google hebben zich op deze markt gestort. In Nederland is Phillips actief in de slimme-dingenbusiness.

Apparaten die met je meedenken, dat kan heel aangenaam zijn. Stel je voor: terwijl je nog slaapt wordt een ochtendvergadering afgezegd. Je digitale agenda berekent hoeveel minuten je langer in bed kunt blijven liggen en geeft dat door aan je wekker, die zelf de wektijd aanpast. Zodra je wakker wordt, gaan vanzelf de lichten aan, de gordijnen open en begint het koffiezetapparaat te pruttelen; de verwarming in de badkamer is al twintig minuten eerder aangegaan. Als je vertrekt, wordt de woning automatisch vergrendeld, gaat de verwarming omlaag en schakelen alle apparaten over op de energiezuinige modus – met uitzondering van de stofzuigrobot, die juist begint aan het dagelijkse rondje door het huis.

Comfort is een veelgenoemde reden om spullen op internet aan te sluiten. Onze tandenborstel kan ons vertellen welke hoekjes we vergeten zijn te poetsen en ons huis is al warm als we binnenstappen. Bovendien kunnen slimme apparaten energie besparen en ons huis veiliger maken. Nadat je de deur achter je dichttrekt, hoef je je nooit meer zorgen te maken of je het gas wel hebt uitgedraaid en je krijgt een berichtje als het brandalarm afgaat. Ook in de industrie zijn er grote verwachtingen van het verbinden van spullen aan internet. Met *Internet of Things*-technologie kunnen producten in real-time nauwkeurig worden getraceerd. Daarmee kan bijvoorbeeld de toelevering van voedsel efficiënter worden ingericht, wat potentieel leidt tot minder verspilling.

Maar er zijn ook vragen. Zo is het vooralsnog onduidelijk wat er precies gebeurt met alle informatie die deze apparaten verzamelen. De slimme thermostaat van Nest Labs, een bedrijf dat begin 2014 voor 3,2 miljard dollar is overgenomen door Google, weet bijvoorbeeld via sensoren die bewegingen registreren of er iemand thuis is of niet. Gouden informatie voor inbrekers, of voor een deurwaarder die een schuld wil vereffenen. Nest Labs zegt deze gegevens alleen met toestemming van de gebruiker te delen met derden – onder meer met Google.[288] Maar dat is natuurlijk geen garantie dat die data nooit in verkeerde handen belanden, nog los van de vraag of je überhaupt wel wilt dat elke beweging in je huiskamer wordt vastgelegd.

Ook bestaan er twijfels over de beveiliging van dit soort slimme apparaten. Zo ontdekte internetveiligheidsbedrijf Proofpoint in 2014 dat ruim 750.000 e-mails met schadelijke software waren verstuurd via onbekende apparaten.[289] Bij nader onderzoek stuitte een onderzoeker op een inlogscherm: 'Welkom in uw koelkast.' Ze typte een standaardwachtwoord in – iets als 'admin' of 'welcome' – en plots was ze iemands keuken binnengedrongen.[290] Meer dan honderdduizend huis-, tuin- en keukenapparaten bleken te zijn gehackt; waaronder routers, speakers, televisies en ten minste één koelkast. Het was de eerste grootschalige hack van *The Internet of Things* en volgens de gerenommeerde cybersecurity-expert Bruce

Schneier zal het zeker niet de laatste zijn. In een brandbrief gepubliceerd in Wired wijst hij erop dat dit soort apparaten veel eenvoudiger te hacken zijn dan pc's. 'Als we dit niet snel oplossen, gaan we een veiligheidsramp tegemoet,' aldus Schneier.[291]

KEN UZELF – IN CIJFERS

Vrijwel iedereen draagt een smartphone in zijn broekzak, maar in Silicon Valley wordt er volop geëxperimenteerd met computers die je nóg dichter op de huid kunt dragen, verstopt in polsbandjes, horloges, schoenen, kleding, stickers, contactlenzen en zelfs pillen met verteerbare sensoren. Een belangrijk deel van deze draagbare gadgets heeft als doel het functioneren van je lichaam cijfermatig bij te houden: je hartslag, lichaamstemperatuur, het aantal stappen dat je zet, bloedsuiker, calorieverbruik en slaapritme. Deze trend staat vooralsnog bekend als *The Quantified Self* ('Het gekwantificeerde zelf').

Het begon met een handjevol hobbyisten. Kevin Kelly en Gary Wolf, journalisten van *Wired*, wilden onderzoeken hoe ze informatie over hun eigen lichaam konden verzamelen. Ze kenden anderen die hier ook mee bezig waren en in 2008 brachten ze deze mensen bijeen om ervaringen en tips uit te wisselen. 'De motieven liepen uiteen: er waren sporters die hun prestaties wilden verbeteren, mensen die vat wilden krijgen op een chronische ziekte en nerds die uit nieuwsgierigheid apparaatjes hadden gebouwd om vast te leggen wat er in hun lichaam gebeurt,' vertelt Wolf. 'Maar iedereen was ervan overtuigd dat je door het verzamelen van gedetailleerde gegevens je eigen lichaam beter kunt begrijpen en gezonder kunt maken.'

Kelly en Wolf begonnen met dertig man, maar al gauw liep het storm. Inmiddels heeft de groep meer dan 3500 leden in de Bay Area en zijn er wereldwijd meer dan 150 Quantified Self-groepen, waaronder een relatief grote groep in Amsterdam.[292] Mensen presenteren tijdens deze bijeenkomsten de bevindingen van hun experimenten, bijvoorbeeld of sportprestaties verbeteren als je met het raam open slaapt of wat voor effect Cola Light heeft op je concentratievermogen.[293] 'Dingen over je lichaam die je altijd al vermoedde, kun je nu precies meten,' zegt Wolf. 'Dat biedt allerlei nieuwe mogelijkheden.'

Ook commerciële partijen hebben deze markt inmiddels ontdekt. Populair zijn de polsbandjes Fitbit en de Nike+ FuelBand. Daarmee kun je je sportprestaties bijhouden, zoals de tijd die je nodig hebt voor een bepaald parcours en het aantal stappen dat je zet. De basketbalschoenen van Nike+ kunnen meten hoe hoog je springt, T-shirts van OMsignal kunnen de hele dag je hartslag, ademhaling, calorieverbranding en stressniveau monitoren en Google werkt aan een contactlens met een piepkleine sensor die het glucoseniveau van diabetici in de gaten houdt. Een pil met een camera van het Israelische bedrijf PillCam COLON moet op termijn invasieve darmonderzoeken vervangen en ook Apple wil met Apple Health de gezondheidsmarkt veroveren. Het aantal gezondheidsgerelateerde apps is nauwelijks meer bij te houden – het onderzoeksinstituut IMS Health telde alleen al in de iTuneswinkel van Apple 43.689 stuks.[294]

Wolf is blij met deze commerciële toepassingen. 'Die professionele gadgets maken het een stuk makkelijker om nauwkeurige cijfers over jezelf te verzamelen. Aanvankelijk bouwden we alles zelf.' Ook voor artsen kunnen deze apparaatjes van pas komen. Als een arts bijvoorbeeld je bloeddruk meet, is dat een momentopname. Misschien is je bloeddruk wel hoger dan gewoonlijk, omdat je zenuwachtig bent vanwege het doktersbezoek. Als een apparaatje gedurende langere tijd je bloeddruk bijhoudt, krijgt de arts een nauwkeuriger beeld van wat er aan de hand is en blijkt misschien dat je toekunt met een kleinere dosis medicijnen.

Het wordt een ander verhaal als ook verzekeringen en werkgevers (die in de VS doorgaans de gezondheidsverzekering van hun werknemers betalen) toegang krijgen tot dit soort vertrouwelijke gegevens, vindt Wolf. 'De Quantified Self-beweging gaat over het beter leren begrijpen van je éigen lichaam. Als er bureaucraten en zakenmannen over je schouder meekijken, wordt het iets heel anders. Dan gaat het niet langer over nieuwsgierigheid en je eigen prestaties verbeteren, maar over controle van buitenaf.' Sommige Quantified Self-bezoekers vrezen dat verzekeraars op termijn kortingen zullen aanbieden als je zo je lichaamsfuncties prijsgeeft – wat, omgekeerd, gezien kan worden als een boete als je persoonlijke gegevens niet wilt delen. 'Dat zou een regelrechte ramp zijn,' aldus Wolf.

Dat is nu nog niet aan de orde, benadrukt Wolf. 'Maar we moeten goed in de gaten houden dat de privacy van gebruikers van dit soort apparaten

Prototype van het 'Quantemetic Self-Sensing' apparaat uit 1996 met o.a. Digital Eye Glass, ECG-, EEG- en EVG-meetapparatuur © Glogger

gewaarborgd blijft.' Tot nu toe valt hem vooral het enthousiasme op waarmee mensen over de hele wereld aan het experimenteren zijn geslagen. 'Mensen willen weten hoe hun lichaam functioneert, ze zijn erdoor gefascineerd. Het is een echte *grassroots*-beweging – en ik heb goede hoop dat dat zo blijft.'

EEN COMPUTER OP JE NEUS

Een andere draagbare computer die in Silicon Valley (en daarbuiten) veel aandacht krijgt, is Google Glass. Dat is een bril die constant in contact staat met internet. In het rechterpootje zitten een camera, een microfoon en een piepklein prisma dat op een glazen schermpje voor je oog informatie projecteert. Zo kun je foto's en video's maken, je e-mail checken, berichtjes versturen en je de weg laten wijzen terwijl je op straat loopt. In 2013 werd een prototype van Glass beschikbaar gesteld aan een selecte groep programmeurs; sindsdien zie je regelmatig mensen met zo'n bril rondlopen in Silicon Valley. Sinds 2014 is Google Glass in beperkte oplage beschikbaar voor het grote publiek.

Glass is op dit moment een nogal in het oog springend gadget. In de Amerikaanse pers wordt ook wel van 'gezichtscomputer' gesproken, of erger, een 'kuisheidsgordel voor het gezicht'.[295] Maar de verwachting is dat de bril met de tijd minder opvallend zal worden. Toen Google's onderzoekslab Google x een slimme contactlens presenteerde met een piepkleine sensor die de bloedsuikerspiegel van diabetici bijhoudt, werd voorspeld dat sommige functies van Google Glass in de toekomst ook in een contactlens kunnen worden geïntegreerd.[296] Google probeert de technologie van Glass zo natuurlijk mogelijk te laten opgaan in de beleving van de drager. Je bedient de bril niet met een toetsenbord; commando's geven doe je door met je vinger het pootje aan te raken of tegen je bril te praten ('OK Glass: take a picture'). Ook kun je aanwijzingen geven met hoofdbewegingen, of, subtieler, door te knipogen.

Waar de bril precies goed voor is, moet de komende jaren duidelijk worden. Er wordt geëxperimenteerd met toepassingen voor beroepen waarbij er snel beslissingen moeten worden genomen en de handen vrij moeten blijven. Zo loopt er een Google Glass-experiment voor verplegers op de eerstehulpafdeling van een ziekenhuis in Los Angeles: zij kunnen met Glass snel een foto maken en naar een arts sturen als ze twijfelen over de behandeling.[297] De politie van New York onderzoekt of Google Glass nuttig kan zijn bij opsporingswerk.[298]

Techjournalist Robert Scoble draagt Google Glass vanaf het moment dat de bril voor de testgroep ter beschikking werd gesteld. Jongeren reageerden nieuwsgierig en vroegen of ze de bril mochten uitproberen, maar van ouderen kreeg hij veel argwanende reacties, vertelt hij. 'Dan zeiden ze: "Ben je me aan het filmen?"'[299]

Veel mensen maken zich zorgen over de gevolgen van Google Glass voor de privacy van omstanders. Want hoewel er al veel camera's op straat hangen en vrijwel iedereen een telefoon met camera bij zich draagt, is het met Glass wel erg makkelijk om anderen te filmen of te fotograferen zonder dat de betrokkenen het doorhebben. Google zegt geen gezichtsherkenningsapps toe te staan voor Glass. Toch werken er al bedrijfjes aan precies zulke toepassingen, zoals NameTag. Dat bedrijf wil gezichtsherkenningssoftware voor Glass koppelen aan profielen van Facebook, LinkedIn en datingsites. 'Handig voor netwerkborrels en om te flirten', aldus het bedrijf.[300] Ook wil het bedrijf de app koppelen aan Amerikaanse openbare databases voor zedendelinquenten, zodat je weet bij wie je juist uit de buurt moet blijven. Het is dus niet zo gek dat Glass wordt geassocieerd met een big brother-achtige samenleving, waarin je altijd en overal voor iedereen te traceren bent. In verschillende cafés in de vs worden Glassdragers geweerd, na incidenten met bezoekers die zich bedreigd voelden door Glassdragers.[301]

Google heeft in reactie een 'glass-etiquette' opgesteld voor Glassdragers, met een rijtje *do's* en *don'ts* hoe het product te gebruiken.[302] 'Je kunt ervan uitgaan dat je vragen krijgt van mensen op straat,' aldus Google. 'Blijf geduldig en leg uit dat veel van de toepassingen van Glass hetzelfde zijn als die van een smartphone.' Ook raadt Google aan om Glass alleen voor specifieke taken te gebruiken. 'Als je lange tijd in je prisma staart, zie je er waarschijnlijk raar uit voor de mensen om je heen. Dus ga niet *Oorlog en vrede* lezen op Glass. Sommige dingen kan je beter doen op een groot scherm.'[303] Waarschijnlijk het belangrijkste advies luidt: 'Wees geen *Glasshole*.' Oftewel: vraag mensen om toestemming voordat je ze fotografeert of filmt, en schakel de bril uit als je dat wordt gevraagd. 'Als je je niet aan de regels houdt of je onbeschoft gedraagt, maak je anderen niet enthousiast over Glass en verpest je het voor de rest,' waarschuwt Google.[304]

Scoble maakt zich niet zo druk over de camerafunctie van Google Glass, maar is vooral bezorgd over de privacy van de Glassdrager zelf. 'Google Glass ziet wat jij ziet en trekt daar zelf conclusies uit,' aldus Scoble.[305] Google heeft software gepatenteerd die oogbewegingen kan volgen en aan de verandering van de pupilgrootte de bijbehorende emotie kan aflezen. Op termijn wil het bedrijf hiermee een *pay per gaze*-advertentiemodel realiseren, waarbij adverteerders betalen voor elke keer dat een advertentie daadwerkelijk is gezien.[306]

Scoble voelt zich hier ongemakkelijk bij. Immers, getypte zoekopdrachten zijn nog tot op zekere hoogte te beheersen, maar je blik onthult waar je daadwerkelijk je aandacht op vestigt en geeft daarmee bijzonder intieme informatie prijs. 'Als Google deze informatie monitort, boven op alles wat het bedrijf al van je weet, wordt het behoorlijk *freaky*,' aldus Scoble.[307]

ROBOTS

Robots zullen binnenkort geen futuristisch toekomstbeeld meer zijn, maar een rol spelen in ons dagelijks leven. Dat zeggen zowel robot-ontwikkelaars als investeerders in Silicon Valley. Grote techbedrijven investeren miljoenen in robottechnologie. Eind 2013 nam Google voor een onbekend bedrag maar liefst acht robotbedrijven over: zes uit Silicon Valley, één uit Boston en één uit Japan.[308] Ook Amazon zet vol in op robots. Zo nam het bedrijf in 2012 voor 775 miljoen dollar Kiva Systems over, een bedrijf dat robots maakt die spullen in een magazijn kunnen rondrijden, en investeerde in het robotbedrijf Rethink Robotics, dat robots ontwikkelt die fabrieksmedewerkers kunnen assisteren. Amazon heeft interesse in vliegende robots, oftewel drones. Die moeten in de nabije toekomst pakketjes bezorgen.

Richard Mahoney, directeur van de robotica-afdeling van het Stanford Research Institute (SRI), vergeleek tijdens een grote robotconferentie in Menlo Park de huidige staat van robotica met die van de computerindustrie anno 1980. 'Zoals de dure, gecentraliseerde mainframecomputers zich ontwikkelden tot de handzame personal computer, zo zien we nu de overgang van zware, industriële robots naar kleine, goedkope, flexibele robots die ons helpen en onze productiviteit vergroten,' aldus Mahoney.[309] Het is nog te vroeg om te zeggen hoe die toekomst er precies uit zal zien, net zoals in 1980 nog onduidelijk was wat je allemaal zou kunnen doen met een pc. 'Maar de impact kan reusachtig zijn,' beweert Mahoney.

De robot Baxter van robotbedrijf Rethink Robotics wordt gezien als hét voorbeeld van deze omslag. Baxter is een robot met twee armen en een op een scherm geprojecteerd gezicht, die eenvoudig door mensen kan worden getraind. Als je Baxters arm pakt om te laten zien hoe hij een blokje moet oppakken, kan hij dat daarna zelf. De bedoeling is dat mensen intuïtief snappen hoe de robot werkt – zo kun je door de kijkrichting van zijn 'ogen' zien welke kant hij op zal gaan, zodat je niet tegen 'm oploopt. En mocht hij toch per ongeluk tegen iets of iemand aanstoten, stopt hij onmiddellijk. 'Oude, industriële robots zijn geprogrammeerd om één ding te doen,' vertelt Rodney Brooks, medeoprichter van Rethink Robotics, tijdens diezelfde conferentie. 'Nieuwe robots kunnen leren van hun omgeving en zijn in staat tot interactie.'[310]

Robots dringen door tot allerlei terreinen. Voor het huishouden bestaan er al grasmaai-, stofzuig- en ramenlaprobots.[311] In bedrijven wordt gebruikgemaakt van 'telepresence'-robots – een soort tablet op wielen dat door een kantoor of een fabriek kan rijden, zodat je via een live stream met collega's elders in de wereld kunt overleggen.[312] In sommige ziekenhuizen in de VS rijden robots rond die maaltijden, beddengoed en medicijnen naar patiënten brengen, zodat verplegers minder hoeven te lopen.[313] Artsen worden bijgestaan door gespecialiseerde chirurgierobots[314] en landbouwbedrijven experimenteren met robots die helpen bij het oogsten.[315] De verwachting is dat robots in de toekomst steeds complexere taken kunnen vervullen met steeds minder hulp van mensen.

Blijft er nog wel werk over voor mensen? In de VS zijn veel mensen bang dat machines hun banen inpikken. Het Amerikaanse tv-programma *60 Minutes* wijdde er een verontrustende documentaire aan.[316] Aan het woord komen onder meer MIT-onderzoekers Erik Brynjolfsson en Andrew McAfee. Alle innovatie van de afgelopen decennia heeft niet tot meer banen geleid en het gemiddelde inkomen is zelfs gedaald, zo laten zij zien. In hun ogen versterkt de opmars van de robots dit proces. Dat zal leiden tot een verdwijnende middenklasse, een selecte groep techneuten die machines ontwikkelt en een grote, arme onderklasse die niets meer omhanden heeft.[317] Onderzoekers van de Universiteit van Oxford kwamen met een nog alarmerender rapport: volgens hen loopt maar liefst 47 procent van alle Amerikaanse arbeiders het risico om de komende twintig jaar te worden vervangen door robots.[318]

Robot Baxter van Rethink Robotics in actie

In Silicon Valley verwachten ze niet dat de robots iedereen werkloos zullen maken. Honderd jaar geleden werkte een op de drie Amerikanen nog in de landbouw, vertelt Aaron Edsinger, medeoprichter van het inmiddels door Google opgeslokte robotbedrijf Redwood Robotics.[319] Door automatisering is nu nog maar 2 procent van de bevolking nodig om iedereen van eten te voorzien, waardoor de rest zich met andere dingen bezig kan houden. Ook de huidige robotgolf zal nieuwe banen creëren, op manieren die we nu nog niet kunnen voorzien, denkt Edsinger. 'De opmars van robots schudt de boel op, maar op lange termijn zijn de gevolgen positief.'[320]

Ook Rodney Brooks van Rethink Robotics is optimistisch. In zijn ogen maken robots Amerikaanse arbeiders productiever, waardoor ze kunnen concurreren met lagelonenlanden. De Baxter is niet ontworpen om werknemers te vervangen, maar om ze te helpen, legt hij uit. De fabrieksmedewerkers veranderen van mensen die fysieke arbeid leveren in trainers van robots, zodat die het vuile werk opknappen – het zware, monotone productiewerk dat zij volgens hem toch liever niet zelf doen. Bovendien kunnen robots ervoor zorgen dat productiewerk dat eerder werd uitbesteed aan lagelonenlanden weer naar de VS kan worden gehaald. 'Als je één wijziging wilt doorvoeren in een productieproces in een fabriek in China, ben je al gauw een paar weken verder', aldus Brooks. 'Met de Baxter kun je snel schakelen en de productie opvoeren.' Robots maken de VS zo weer een aantrekkelijk als vestigingsplaats, denkt Brooks. Op de Baxter staat dan ook trots vermeld: 'Made in the USA'.

DRONES

In Silicon Valley gaat er veel aandacht uit naar kleine, vliegende robots, beter bekend als 'drones'. Drones zijn op dit moment vooral bekend door hun gebruik in oorlogsgebieden en roepen daarom al snel negatieve reacties op ('vliegende moordmachines!'). De VS zetten drones in in landen als Pakistan en Afghanistan om (vermeende) terroristen vanuit de lucht in de gaten te houden en eventueel aan te vallen; juridisch en ethisch een zeer omstreden praktijk.[321] Maar de afgelopen jaren hebben ook amateurvliegtuigbouwers de dronemarkt ontdekt en worden er gretig nieuwe commerciële mogelijkheden voor drones verkend.

'Het komt in Silicon Valley wel vaker voor dat militaire technologieën later de consumentenmarkt veroveren,' zegt Chris Anderson, oud-hoofdredacteur van *Wired*.[322] Anderson ziet een grote toekomst weggelegd voor civiel gebruik van drones. Zozeer zelfs, dat hij eind 2012 na twaalf jaar stopte als hoofdredacteur van *Wired* om zich fulltime te richten op 3D-Robotics, een door hem opgericht bedrijf dat dronebouwpakketten levert aan hobbyisten. Een paar jaar eerder had hij al de site 'DIY Drones' opgezet, een platform waar amateurdronebouwers kennis en ervaringen kunnen uitwisselen en met elkaar kunnen afspreken om hun zelfgebouwde onbemande vliegtuigjes te testen.[323] Het werd een groot succes.

Amateurs zijn de aangewezen personen om technologie voor consumenten te ontwikkelen, vindt Anderson, expliciet verwijzend naar de Homebrew Computer Club. Als dronehobbyisten hun kennis delen, zal de technologie zich zo snel mogelijk ontwikkelen. Zodra de technologie eenvoudig en goedkoop genoeg is voor een groot publiek, wordt het vanzelf duidelijk welke toepassingen mogelijk zijn. 'Ik ga mensen niet vertellen wat ze met een drone moeten doen,' aldus Anderson. 'Dat weten ze zelf veel beter.' Sommige amateurdronebouwers gebruiken de vliegtuigjes als speelgoed, anderen om vanuit de lucht foto's en video's te maken tijdens het wandelen of sporten en weer anderen om hun kinderen iets over techniek te leren (zo houdt Anderson, vader van vijf kinderen, al jaren een blog over 'Geek dads' bij).[324] 'En het is gewoon cool om een eigen drone te hebben,' zegt hij.

Chris Anderson met een van zijn drones © Christopher Michel

Commercieel gebruik van drones mag nog niet – in de VS komt hier op zijn vroegst eind 2015 wetgeving voor – maar nu al schieten dronebedrijfjes als paddenstoelen uit de grond. De mogelijkheden lijken eindeloos: de politie kan surveillancedrones inzetten voor verkenningstochten in crisissituaties, boeren kunnen met landbouwdrones hun gewassen monitoren, in wandel- en skigebieden kunnen onbemande vliegtuigjes verdwaalde recreanten opsporen en in Zuid-Afrika worden drones ingezet om stroperij tegen te gaan.[325] Amazon-CEO Jeff Bezos zorgde eind 2013 voor een storm in de media toen hij in het programma *60 Minutes* videobeelden vrijgaf van een bezorgdrone die in de toekomst pakjes zou moeten bezorgen.[326] Binnen vijf jaar zouden kleine, onbemande vliegtuigjes binnen een straal van zestien kilometer pakketjes tot twee kilo kunnen bezorgen, aldus Bezos.

Maar voordat dit werkelijkheid wordt, moet er nog veel gebeuren. Er zijn nog veel vragen over de veiligheid van drones. 'We moeten voorkomen dat een vliegtuig op iemands hoofd landt,' grapte Bezos in *60 Minutes*.[327] *New York Times*-columnist Paul Krugman is pessimistischer: iedereen vindt drones prachtig, 'totdat [een drone] de vinger van kleine Timmy afhakt. Dan is het afgelopen.'[328]

Het belang van wetgeving werd onderstreept toen op 22 maart 2014 een bijna-ongeluk plaatsvond tussen een drone en een personenvliegtuig tijdens een landing op een vliegveld in Florida. De piloot zag een drone vlakbij zijn toestel, op een moment dat hij niet meer kon uitwijken. 'Het is wonderwel goed gegaan, maar het risico dat een drone in de motor van een personenvliegtuig wordt gezogen is reëel', aldus Jim Williams, die namens de Federal Aviation Administration (FAA) wetgeving ontwikkelt voor het al dan niet toestaan van commerciële drones in de VS. 'Dat zou rampzalig zijn.'[329]

Daarnaast komt ook bij drones het privacyvraagstuk weer om de hoek kijken. Drones met camera's bieden surveillancemogelijkheden die voorheen onmogelijk waren. Dat kan voor de goede zaak worden ingezet (denk aan de eerdergenoemde aanpak van stropers in Zuid-Afrika), maar ook voor slechte zaken. Zo kunnen vijandige landen de drones gebruiken voor spionagedoeleinden of – dichter bij huis – een boze buurman bij een uit de hand gelopen burenruzie. Het idee dat je niet met zekerheid kunt zeggen of er een vogel of een drone overvliegt en er eigenlijk altijd vanuit moet gaan dat je bespied kunt worden door 'ogen in de lucht', is volgens privacyvoorvechters een verschrikking. Hier zal de komende jaren wetgeving voor moeten worden ontwikkeld.

DE ZELFRIJDENDE AUTO

Het Amerikaanse ministerie van Defensie schreef in 2005 een wedstrijd uit, de DARPA Grand Challenge. De opdracht: 'Bouw een zelfrijdende auto.'

De jonge Stanfordprofessor Sebastian Thrun won de prijs en kon al snel aan de slag bij Google, waar hij de robotauto verder ontwikkelde.[330] Google's zelfrijdende auto is inmiddels een vertrouwd gezicht in Silicon Valley, waar ze al jaren testritten maken in het normale verkeer. In de meer dan 800.000 kilometer die de robotauto's hebben afgelegd, hebben de auto's geen enkel ongeluk veroorzaakt. Slechts één keer was er een kleine botsing, op de Googlecampus. Maar toen had ironisch genoeg net een mens de besturing overgenomen.

Als het gaat om auto's wordt in Silicon Valley gewerkt aan twee types technologieën: auto's worden duurzamer – zie de elektrische auto's van Elon Musk – en de besturing ervan wordt (deels) overgenomen door computers. Alle grote automerken ontwikkelen inmiddels technologie om het besturen van een auto deels of geheel te automatiseren.

Dat is niet zo gek, zegt Sven Beiker, directeur van het Center for Automotive Research (CARS) aan Stanford. Geroutineerd somt hij alle voordelen op. Het allerbelangrijkste: veiligheid. 'Mensen zijn over het algemeen uitstekende chauffeurs, maar ze kunnen zich laten afleiden,' zegt Beiker. 'Ze sms'en tijdens het rijden, stappen dronken achter het stuur, vallen in slaap of proberen klierende kinderen op de achterbank in het gareel te houden.' Wereldwijd komen er jaarlijks 1,2 miljoen mensen om bij auto-ongelukken en vrijwel altijd worden die veroorzaakt door een menselijke fout.[331] 'Zelfrijdende auto's doen dat allemaal niet,' zegt Beiker. 'Dat kan mensenlevens redden.'

Ook zijn robotauto's energiezuinig en zorgen ze voor een betere doorstroming van het verkeer. In de VS staan mensen gemiddeld 38 uur per jaar in de file, in Nederland is dat zelfs 52 uur.[332] Met zelfrijdende auto's kan die tijd naar verwachting fors worden teruggebracht.

Bovendien bieden zelfrijdende auto's comfort. In plaats van op de weg te moeten letten, kun je werken, de krant lezen of een dutje doen. Je hoeft niet meer vroeg uit bed op zondag om de kinderen naar voetbal te brengen, de auto brengt ze zelf. Sterker nog: misschien hoef je helemaal geen auto meer te hebben. Op termijn, zo denken ze in Silicon Valley, gaan auto's functioneren als een onbemande taxidienst die komt aanrijden op het moment dat je vervoer nodig hebt en je vervolgens aflevert op de plek van bestemming. Dan hoef je geen auto meer te bezitten, maar betaal je uitsluitend naar gebruik. Waarom zou je een auto nemen als die toch het grootste deel van de dag ongebruikt in de garage staat?

Blinden en andere gehandicapten die niet zelf kunnen rijden, zijn bijzonder geïnteresseerd in de zelfrijdende auto. Steve Mahan, voorzitter van een lokale blindenorganisatie in Californië en voor 95 procent blind, was een van de eersten die van Google een testrit mocht maken met de zelfrijdende auto. Vanaf zijn huis reed hij naar een *drive-through*-vestiging van Taco Bell om een taco te halen, daarna reed hij door naar de stomerij waar hij de auto parkeerde en zijn wasgoed wegbracht. Geen bijzonder enerverende activiteiten, maar voor Mahan was het de rit van zijn leven: eindelijk kon hij zelfstandig deelnemen aan het normale dagelijks verkeer.[333]

Google CEO's Eric Schmidt, Larry Page en Sergey Brin in de zelfrijdende auto van Google

Mahan werd begeleid door een politie-escorte: omdat hij geen rijbewijs had, mocht hij officieel niet alleen achter het stuur zitten. Het is maar een van de vele zaken die op juridisch vlak moeten worden uitgezocht voordat zelfrijdende auto's gemeengoed worden. Wie is er verantwoordelijk in het geval van een ongeluk? De eigenaar van de auto, de autofabrikant of de programmeur? In het gewone verkeer lossen automobilisten verkeerssituaties vaak op met oogcontact en handbewegingen. Hoe moet dat als een van de twee een robot is? Er wordt druk gelobbyd voor nieuwe regelgeving, maar het kan lang duren voordat deze kwesties zijn opgelost. Op het moment van schrijven hebben alleen de staten Californië, Nevada, Florida en District of Columbia wetgeving voor robotauto's – wat overigens niet betekent dat zelfrijdende auto's al zonder meer zijn toegestaan. In de andere staten en in landen buiten de VS is er nog niks geregeld.

Ook in technisch opzicht moet er nog veel gebeuren. Hoe gevaarlijk en roekeloos mensen zich ook kunnen gedragen in het verkeer, in één opzicht zijn mensen volgens Beiker beter dan robots: ze kunnen goed omgaan met onvoorziene situaties. Als er een bal de weg op stuitert, snappen mensen dat de kans bestaat dat er een kind achteraan komt rennen. Beiker: 'Voor een zelfrijdende auto is dat veel moeilijker. Zelfs als je een zelfrijdende auto specifiek instrueert om af te remmen bij een bal, is het nog maar de vraag of het 'm lukt om een bal te onderscheiden van een plastic zak die over de weg waait.' Programmeurs kunnen bovendien niet elke mogelijke situatie bedenken. En in sommige gevallen is het ook niet onomstreden wat de beste oplossing is, zegt Beiker. 'Als op een bergweggetje onverwacht een peloton fietsers naar beneden komt scheuren, moet een zelfrijdende auto zichzelf dan van een klif af rijden of het leven van de inzittenden voor laten gaan?'

Een laatste kwestie is dat zelfrijdende auto's, net als elke andere computer, kunnen worden gehackt.[334] In het geval van auto's is dat een bijzonder griezelig vooruitzicht. *Forbes*-journalist Andy Greenberg nam de proef op de som en maakte een rit in een auto waar hij eerst twee hackers op had laten losgaan. Er volgde een dollemansrit waarbij de auto uit het niets begon te toeteren, het dashboard aangaf dat de benzine op was en het stuur een andere kant op bewoog dan hij wilde. Toen hij probeerde te remmen, gaf de auto juist gas. 'Best eng om te rijden zonder remmen, vind je niet?' schaterden de uitgelaten hackers vanaf de achterbank.[335]

Er zijn met de zelfrijdende auto kortom nog veel problemen. Beiker durft dan ook niet te zeggen hoelang het gaat duren voordat robotauto's gemeengoed worden. Wel denkt hij dat we de komende jaren tussenstations gaan zien, zoals auto's die zichzelf kunnen inparkeren, netjes binnen de baan blijven rijden en zelfstandig kunnen filerijden. Daarnaast experimenteren autobedrijven met sensoren die kunnen zien of je te moe of te dronken bent om te rijden. Machinebouwbedrijf Caterpillar heeft zijn trucks bijvoorbeeld uitgerust met sensoren die de ogen van de chauffeur in de gaten houden. Dreigt hij in slaap te vallen, dan schudt de stoel hem wakker.[336]

SLOT: PRIVACY, VEILIGHEID EN DE MACHT VAN SILICON VALLEY

De *next big thing* is op dit moment niet terug te brengen tot één ding; er gebeurt van alles tegelijkertijd. Wel zijn er overeenkomsten te vinden in de besproken technologieën die – als het aan Silicon Valley ligt – onze toekomst zullen bepalen. De nadruk ligt bij vrijwel alle trends op zo veel mogelijk gegevens verzamelen. Daarbij gaat het zowel om gegevens die we vrijwillig over onszelf prijsgeven via zoekmachines of op sociale media, als om datastromen die automatisch worden verzameld met sensoren. Daarnaast zijn machines en apparaten steeds beter in staat om al die gegevens te doorzoeken, patronen te herkennen en verbanden te leggen en op basis daarvan zelfstandig beslissingen te nemen. Computers krijgen daardoor een grotere mate van autonomie.

Twee onderwerpen die daarbij steeds terugkeren zijn privacy en veiligheid. Privacy is al jaren een heet hangijzer. *'You have zero privacy anyway,'* snauwde Scott McNealy, destijds CEO van Sun, in 1999 tegen een groep kritische journalisten. *'Get over it.'*[337] Maar de zorgen over privacy zijn vijftien jaar later nog niet verdwenen – integendeel. De lange reeks onthullingen van klokkenluider Edward Snowden sinds de zomer van 2013 liet zien dat de Amerikaanse inlichtingendienst NSA toegang heeft tot gebruikersgegevens van de grote internetbedrijven van Silicon Valley, soms zelfs zonder dat deze bedrijven ervan wisten.[338] Internetgebruikers wereldwijd werden met hun neus op de feiten gedrukt: alle informatie die je online deelt, ook op schijnbaar veilige plekken als een persoonlijk e-mailaccount of een Facebookpagina, kan worden opgevraagd door de overheid en tegen je worden gebruikt.

De techbedrijven in Silicon Valley hebben in reactie op de NSA-onthullingen de beveiliging van gebruikersgegevens opgeschroefd. 'Wij doen er alles aan om data veilig te stellen en gingen er daarbij van uit dat wij onze gebruikers moesten beschermen tegen criminelen, niet tegen onze eigen regering,' sneerde Facebook-CEO Mark Zuckerberg in een blogpost, waarin hij onder meer vertelde dat hij persoonlijk president Obama had gebeld om zijn zorgen te uiten.[339] Maar door de NSA-onthullingen zijn ook de techbedrijven zelf in een negatief daglicht komen te staan – zij verzinnen met hun onstilbare datahonger immers steeds weer nieuwe manieren om gedetailleerdere informatie over je te genereren en er uiteindelijk geld aan te verdienen. 'De aantasting van onze privacy komt niet alleen van onze regering,' zei Obama toen hij begin 2014 de hervormingen van de NSA aankondigde. 'Bedrijven van alle soorten en maten volgen je aankopen, slaan die gegevens op en analyseren ze voor commerciële doeleinden. Dat is waar die gerichte advertenties op je computer en je smartphone vandaan komen.'[340]

In het laatste hoofdstuk kwamen er al veel voorbeelden langs van de manieren waarop techbedrijven informatie weten binnen te harken. Elke dag komen er nieuwe voorbeelden bij: Facebook kan zien wat je typt, ook als je het bericht niet plaatst.[341] Googles Moto X-telefoon heeft een 'open microfoon' die altijd blijft luisteren, zelfs als de telefoon uitstaat; net als de Xbox One van Microsoft.[342] WhatsApp verkrijgt bij de installatie toegang tot alle contacten in je telefoon, ook als het geen WhatsAppgebruikers zijn.[343] De grote vraag waar de komende jaren discussie over zal worden gevoerd, luidt dan ook: wie is de rechtmatige eigenaar van al die informatie die over je wordt verzameld? En wie kan daar toegang tot krijgen, op welke gronden?

Nauw verbonden met de privacykwestie is de vraag hoe veilig al deze nieuwe technologieën zijn. Naarmate er meer gegevens worden verzameld en apparaten onderling informatie gaan uitwisselen, wordt het minder voorspelbaar wat er met die informatie gebeurt en waar die gegevens uiteindelijk terechtkomen. Landen wapenen zich daarom tegen 'cyberoorlogen': het stelen van gevoelige informatie of het rommelen in cruciale computersystemen door vijandige mogendheden. Het Nederlandse leger heeft niet alleen experts in huis om computersystemen te beveiligen, maar leidt ook hackers op om zelf aanvallen uit te voeren op 'vijandige computers'.[344]

Ook op persoonlijk vlak zijn we kwetsbaar. Oplichters op sites als Marktplaats zijn een bekend fenomeen en ook identiteitsdiefstal door criminelen komt steeds vaker voor. Met de opkomst van *The Internet of Things* kan er veel meer worden gehackt dan alleen je computer: van thermostaten en koelkasten tot auto's, alles met een dataverbinding kan in verkeerde handen vallen en worden misbruikt. Bij robots, drones en de zelfrijdende auto speelt ook de fysieke veiligheid van de gebruikers en hun omgeving een rol. Er komt een moment dat een robot per ongeluk een klap uitdeelt, een drone uit de lucht stort of een zelfrijdende auto brokken maakt. Een belangrijk en terugkerend probleem bij nieuwe technologieën is dan ook de vraag: hoe veilig moet een technologie zijn voordat we bereid zijn om die in gebruik te nemen? Het is onmogelijk om ongelukken geheel uit te sluiten, maar welk risico is acceptabel? Wanneer wegen de kosten op tegen de baten?

Vinton Cerf, een van de architecten van het internet en tegenwoordig 'Chief Internet Evangelist' bij Google, houdt zich al lange tijd bezig met de vraag hoe privacy en veiligheid gewaarborgd kunnen blijven in een wereld waarin digitale technologie een alsmaar grotere rol speelt. Hij ziet vier manieren waarop dat kan gebeuren.[345] Ten eerste kunnen er technische middelen worden ingezet om de beveiliging van gegevens te vergroten. Een van die middelen is de 'two-step authentication', die veel techbedrijven inmiddels gebruiken. Bij authenticatie in twee stappen wordt niet alleen naar een wachtwoord gevraagd, maar in geval van twijfel – bijvoorbeeld als je vanaf een ander apparaat dan gebruikelijk inlogt – ook naar een tijdelijke code gevraagd die naar je telefoon wordt gestuurd. Het is geen waterdichte methode tegen misbruik, maar het werpt wel een barricade op tegen internetcriminelen.

Een tweede oplossing ziet Cerf in onderwijs. Iedereen moet snappen welke risico's er verbonden zijn aan het gebruik van technologie, vindt Cerf, en op de hoogte blijven van de mogelijkheden om gegevens veilig te stellen. Dit onderwijs kan op school plaatsvinden, maar techbedrijven moeten ook zelf de verantwoordelijkheid nemen om hun gebruikers goed in te lichten over alle mogelijkheden en risico's van hun technologie.

Zijn derde voorstel is om de publieke druk op te voeren op bedrijven die laks omgaan met vertrouwelijke gegevens. 'Er zijn maar weinig prikkels voor bedrijven om veilig om te gaan met gebruikersgegevens. Er worden geen boetes uitgedeeld, niemand gaat de gevangenis in,' aldus Cerf. Daar kan verandering in komen als gebruikers massaal protest aantekenen en de bedrijfsreputatie op het spel komt te staan. We hoeven blunders niet te accepteren, aldus Cerf: 'Laten we een vergrootglas leggen op de bedrijven die het verprutsen, teneinde de publieke veiligheid te vergroten.'[346]

Het laatste redmiddel is straf. Cybercriminelen moeten vervolgd worden, vindt Cerf – iets wat vaak moeilijk is door het versnipperde en internationale karakter van internet. Maar ook vervolging van programmeurs die verantwoordelijk zijn voor fouten in software sluit hij niet uit. Zoals architecten vervolgd kunnen worden als een gebouw instort door een constructiefout en artsen en advocaten uit hun ambt kunnen worden gezet als ze de beroepseer aantasten, zouden volgens Cerf ook falende programmeurs ter verantwoording geroepen moeten worden. Dat is geen populair standpunt in Silicon Valley, zegt Cerf. 'Programmeurs zien zichzelf als vrije jongens, niemand kan hen vertellen wat ze moeten doen.'[347] Maar als programmeurs grote verantwoordelijkheden dragen, is het volgens hem gerechtvaardigd om eisen te stellen aan hun vakmanschap.

De oproep van Cerf laat zien hoe machtig Silicon Valley is geworden. Het internet, alle informatie die daarop circuleert, computers, smartphones, tablets, apps en alle apparaten waaraan in Silicon Valley op dit moment wordt gewerkt, vormen de infrastructuur van het moderne leven. Het begon met nerds die zaten te knutselen in garages, maar inmiddels maakt iedereen gebruik van technologie uit Silicon Valley en kunnen we ons nauwelijks nog een leven zonder voorstellen.

In Silicon Valley moeten ze nog wennen aan hun nieuwe status als grote speler op het wereldtoneel. In veel techbedrijven heerst nog de cultuur van vrijuit experimenteren, *'Move fast and break things'*, zoals het credo van Facebook luidt: blijf grenzen verleggen, blijf innoveren, introduceer nieuwe features zo snel mogelijk, je ziet later wel wat de gevolgen zijn. Die vlucht naar voren past bij de startupmentaliteit van Silicon Valley en wordt ook ingegeven door financiële prikkels – immers, als het ene techbedrijf het niet doet, doet een ander techbedrijf het wel. Maar Silicon Valley moet volwassen worden, vindt Cerf. En dat besef lijkt ook door te dringen bij de grote bedrijven van Silicon Valley. Bij het tienjarig jubileum van Facebook in 2014 kondigde Mark Zuckerberg aan dat hij het motto *'Move fast and break things'* had veranderd in *'Move fast with stable infrastructure'*.[348] Minder spannend, maar wel verstandig en kennelijk ook nodig.

Ook buiten de grote techbedrijven wordt Silicon Valley en alle innovatie die daaruit voortkomt serieuzer genomen. Er zijn allerlei partijen die zich bezighouden met de morele, maatschappelijke en juridische gevolgen van technologische vooruitgang. We zagen al hoe de Electronic Frontier Foundation en andere digitale burgerrechtenorganisaties zich inzetten voor een vrij internet. Politici willen door middel van wetgeving nieuwe technologie reguleren en moeten beslissen in hoeverre opsporingsdiensten door gebruikersgegevens mogen wroeten; op de achtergrond proberen allerlei actie- en lobbygroepen invloed uit te oefenen. En na de NSA-onthullingen lijkt er ook onder consumenten meer aandacht voor de mogelijke gevolgen van gebruik van technologie. Innovatie bestaat niet louter uit zorgeloos nieuwe dingen uitproberen; er staan grote belangen op het spel.

Of techbedrijven daadwerkelijk meer verantwoordelijkheid gaan nemen voor hun eigen creaties, en in welke mate gebruikers, politici, lobby- en actiegroepen een rol zullen spelen in het scheppen van de toekomst, valt te bezien. Tegelijkertijd is het duidelijk dat Silicon Valley zonder zijn gewaagde, tegendraadse, door technologie geobsedeerde cultuur nooit zou zijn uitgegroeid tot het belangrijkste innovatiecentrum ter wereld. De bijzondere mix van nerds, hippies, ondernemers en visionairs hebben van Silicon Valley een grote, geoliede innovatiefabriek gemaakt waar de ene na de andere wereldveranderde technologie uit voortkomt. Het ziet er niet naar uit dat Silicon Valley deze positie voorlopig kwijtraakt. Want nog altijd trekt het gebied talloze gelukszoekers, die met hun technische kennis, een tegendraadse aanpak, een slim businessplan en tomeloze ambitie hopen de wereld te veranderen.

VERANTWOORDING

Voor DWDD University deed ik met Alexander Klöpping en DWDD-redacteuren Patricia Greven, Laurien Hugas en Jessica van Amerongen research voor de driedelige Silicon Valley-serie *De wereld van Klöpping*, gepresenteerd door Alexander Klöpping en in 2013 uitgezonden bij de VARA. De research voor deze serie vormde het startpunt van dit boek.

Tenzij anders aangegeven heb ik de geciteerde mensen zelf geïnterviewd. Het interview met Micha Hernandez van Leuffen, het gedeelte 'White Boys Club?' en de zes tips voor startups verschenen in eerdere versies in *NRC Handelsblad* en *nrc.next*.

DANKWOORD

Bij ieder boek zijn meer mensen betrokken dan alleen de auteur. Dit boek vormt daarop zeker geen uitzondering. Allereerst gaat mijn dank uit naar uitgever Oscar van Gelderen die mij de kans gaf om dit boek te schrijven. Bijzondere dank gaat daarnaast uit naar Lebowski-redacteur Roel van Diepen voor zijn enthousiaste en geduldige begeleiding. Medewerkers van de Robert Crown-bibliotheek van Stanford University wil ik bedanken voor hun deskundige ondersteuning.

Alexander Klöpping: dank voor het schrijven van het voorwoord. Naast Alexander wil ik ook Laurien Hugas, Patricia Greven en Jessica van Amerongen bedanken voor de prettige samenwerking bij de research van DWDD University / *De wereld van Klöpping*. Hierdoor werd ik in één klap ondergedompeld in dit fascinerende gebied.

De onderstaande mensen uit de Bay Area deelden openhartig hun kennis, ervaringen en netwerk. Op die manier voorzagen zij het boek van cruciale input; bovendien heb ik door hen de netwerkcultuur en *pay-it-forward-*mentaliteit van Silicon Valley aan den lijve mogen ondervinden, waarvoor mijn diepe dank:

Tanja Aitamurto, Sven Beiker, Leslie Berlin, Steve Blank, Remco Bloemen, Christel van der Boom, Niels Boon, Zac Bowling, Willem Bult, Stan van de Burgt, Alexander van Dijk, Robert Gaal, Micha Hernandez van Leuffen, Arthur van Hoff, Andra Keay, Salar al Khafaji, Dirk de Kok, Peter Laanen, Maykel Loomans, Ronald Mannak, John Markoff, Eric Migicovsky, Wouter van Oortmerssen, Thatcher Peskens, Irene Rompa, Coos Santing, Tony Singh, Valentin Smirnoff, Dirk Stoop, Arthur Suermondt, Martijn Thé, Pieter Verhoeven, Terry Winograd, Gary Isaac Wolf en Jacqueline Zuidweg.

Jeroen de Valk wil ik bedanken voor zijn redactionele steun en grenzeloze vertrouwen. Jan Wouter Kruyt: dank voor onze bijzondere tijd in de Bay Area.

NOTEN

HOOFDSTUK 1: NERDS

HOOFDSTUK 1: NERDS

[1] Maandelijks actieve gebruikers van Facebook, Facebook Newsroom, 31 maart 2013

[2] Statistieken YouTube, 5 juli 2014, YouTube Press

[3] Mary Meeker, KCPB Internet Trends 2014, 28 mei 2014

[4] 'Deputy UN chief calls for urgent action to tackle global sanitation crisis', *UN News Center*, 21 maart 2013

[5] Ashwin Seshagiri, 'In the Spirit of the Valley, It's Silicon This and Silicon That', 11 december 2013, Bits Blog, *The New York Times*

[6] Bjoern Lasse Herrmann, Max Marmer, Ertan Dogrultan, Danny Holtschke (2013), *The Startup Ecosystem Report 2012*, The Startup Genome, p. 3

[7] Joint Venture Silicon Valley & Silicon Valley Community Foundation, *Index of Silicon Valley 2014*, p. 12. Dit rapport heeft alleen betrekking op Santa Clara County en San Mateo County, twee centrale districten in Silicon Valley. Gegevens uit San Francisco of andere districten rondom de Bay Area zijn niet meegerekend.

[8] Idem, p. 18

[9] Cijfers van 2012, Joint Venture Silicon Valley & Silicon Valley Community Foundation, *Index of Silicon Valley 2013*, p. 20

[10] Cijfers van 2012, Centraal Bureau voor Statistiek.

[11] National Venture Capital Association (2014), *NVCA Yearbook 2014*, p. 36, figure 3.08, 'Venture Capital Investments in 1985-2013 by Region'

[12] Bay Area census 2010, http://www.bayareacensus.ca.gov/bayarea.htm. Deze census gaat uit van de Bay Area in de meest brede definitie, de negen counties (districten) rondom de baai.

[13] Michael Malone (2001), *The Valley of Heart's Delight: A Silicon Valley Notebook 1963 - 2001*. New York: John Wiley & Sons

[14] Zie Stanford Undergraduate Admission, 'Our Selection Process', bezocht 5 juli 2014

[15] Robinson Mayer, 'Stanford's Top Major is Now Computer Science', *The Atlantic*, 29 juni 2012

[16] Academic Ranking of World Universities, 'Academic Ranking of World Universities 2013 Press Release', 15 augustus 2013

[17] Arun Rao & Piero Scaruffi (2013), *A History of Silicon Valley. The Greatest Creation of Wealth in the History of the Planet*, p. 28

[18] Stephen Adams, 'Regionalism in Stanford's Contribution to the Rise of Silicon Valley', in: *Enterprise & Society*, 2003 (4)

[19] 'Stanford Estate Worth 7 Million Dollars', *The Evening News*, 5 april 1905

[20] Stephen Adams, 'Regionalism in Stanford's Contribution to the Rise of Silicon Valley', *Enterprise & Society* 2003 (4), p. 524

[21] Arun Rao & Piero Scaruffi (2013), *A History of Silicon Valley. The Greatest Creation of Wealth in the History of the Planet*, p. 29

[22] C. Stewart Gillmor (2004), *Fred Terman at Stanford: Building a Discipline, a University and Silicon Valley*. Stanford: Stanford University Press, p. 26

[23] Arun Rao & Piero Scaruffi (2013), *A History of Silicon Valley. The Greatest Creation of Wealth in the History*

of the Planet, p. 30-33

[24] Geciteerd in Michael Malone (2007), *Bill & Dave: How Hewlett and Packard Built the World's Greatest Company*. New York: Penguin, pp. 39

[25] Voor een actuele kaart met een overzicht van alle high-techbedrijven op het Stanford Research Park, zie http://lbre.stanford.edu/realestate/research_park

[26] Michael Malone (2007), *Bill & Dave: How Hewlett and Packard Built the World's Greatest Company*. New York: Penguin, p. 41

[27] David Packard (1995), *The HP Way. How Bill Hewlett and I Built Our Company*. New York: Harper Collins, p. 25

[28] Eric Isaacs, 'Forget About the Mythical Lone Inventor in the Garage', *Slate*, 18 mei 2012

[29] Na het overlijden van Jobs is ook de Apple-garage uitgegroeid tot een bezienswaardigheid. De garage was van Jobs' adoptie-ouders in Cupertino. Op dit moment woont Marilyn Jobs er, de tweede vrouw van Jobs' vader nadat zijn moeder was overleden. In de tuin staat een klein bordje: 'Niet storen. Foto's graag maken vanaf de stoep.'

[30] Richard Brandt, 'Birth of a Salesman', *The Wall Street Journal*, 15 oktober 2011

[31] Packard schreef een boek over deze managementfilosofie: David Packard (1995), *The HP Way. How Bill Hewlett and I Built Our Company*. New York: Harper Collins Publishers

[32] Walter Isaacson (2011), *Steve Jobs*. New York: Simon & Schuster, p. 17

[33] Sheryl Sandberg (2013), *Lean In. Vrouwen, werk en de weg naar succes*. Utrecht: Bruna, p. 104

[34] Zie http://steveblank.com/secret-history/

[35] Bijvoorbeeld Stuart Leslie (1993), *The Cold War and American Science. The Military-Industrial-Academic Complex at MIT and Stanford*. New York: Columbia University Press; Rebecca Lowen (1997), *Creating the Cold War University. The Transformation of Stanford*. Berkeley: University of California Press.

[36] Zie Blanks lezing *The Secret History of Silicon Valley*, 20 november 2008 in het Computer History Museum; enkele cijfers en details in dit hoofdstuk zijn hieruit overgenomen. Zie op YouTube

[37] Idem

[38] Mariana Mazzucato (2013), *The Entrepreneurial State: Debunking Public vs. Private Sector Myths*. Londen: Anthem Press

[39] Samuel Weighley en Alexander Hess, 'Universities getting the most government money', *Yahoo Finance*, 29 april 2013

[40] Idem

[41] Zie voor de volledige specificaties: 'Eniac in Action: What is Was and How it Worked', Penn Engineering website, http://www.seas.upenn.edu/about-seas/eniac/operation.php

[42] Zie ook Richard Stengel, 'Making Sense of Our Wireless World', *TIME Magazine*, 27 augustus 2012

[43] Joel Shurkin (2006), *Broken Genius. The Rise and Fall of William Shockley, Creator of the Electronic Age*. Londen/ New York/Melbourne/Hong Kong: Macmillan, hoofdstuk 5 en 6. Zie ook: John Vardalas, 'Twists and Turns in the Development of the Transistor', *Today's Engineer*, mei 2003

[44] 'Shockley vereerde zijn moeder met een toewijding die sommige kennissen op de zenuwen werkte,' aldus Leslie Berlin (2005), *The Man Behind the Microchip. Robert Noyce and the Invention of Silicon Valley*.

Oxford: Oxford University Press, p. 56

[45] Joel Shurkin (2006), *Broken Genius. The Rise and Fall of William Shockley, Creator of the Electronic Age*. Londen/ New York/Melbourne/Hong Kong: Macmillan, p. 168

[46] Leslie Berlin (2005), *The Man Behind the Microchip. Robert Noyce and the Invention of Silicon Valley*. Oxford: Oxford University Press, p. 170

[47] Joel Shurkin (2006), *Broken Genius. The Rise and Fall of William Shockley, Creator of the Electronic Age*. Londen/ New York/Melbourne/Hong Kong: Macmillan, p. 168

[48] Idem, p. 166

[49] Bekijk hier het ontwerp van de Shockley diode: http://www.learningaboutelectronics.com/Articles/Shockley-diode.php

[50] Joel Shurkin (2006), *Broken Genius. The Rise and Fall of William Shockley, Creator of the Electronic Age*. Londen/ New York/Melbourne/Hong Kong: Macmillan, p. 172

[51] Idem, p. 173

[52] Leslie Berlin (2005), *The Man Behind the Microchip. Robert Noyce and the Invention of Silicon Valley*. Oxford: Oxford University Press, p. 70

[53] Idem

[54] Idem

[55] Idem, pp. 88-89

[56] Idem, p. 86

[57] Joel Shurkin (2006), *Broken Genius. The Rise and Fall of William Shockley, Creator of the Electronic Age*. Londen/ New York/Melbourne/Hong Kong: Macmillan, hoofdstuk 10

[58] Leslie Berlin (2005), *The Man Behind the Microchip. Robert Noyce and the Invention of Silicon Valley*. Oxford: Oxford University Press, p. 89

[59] Jack Kilby van concurrent Texas Instruments had een half jaar vóór Noyce een geïntegreerd circuit ontwikkeld met germanium als halfgeleider. Noyce ontwikkelde, onafhankelijk van Kilby, een geïntegreerd circuit in een siliciumchip. Het geïntegreerde circuit van Noyce zou standaard worden. Kilby en Noyce worden beiden beschouwd als uitvinders van het geïntegreerde circuit, de bedrijven delen het patent. In 2000 ontving Kilby een Nobelprijs voor zijn uitvinding; Noyce was toen al overleden.

[60] Don Hoefler, 'Silicon Valley USA', *Electronic News*, 10 januari 1971

[61] Leslie Berlin (2005), *The Man Behind the Microchip. Robert Noyce and the Invention of Silicon Valley*. Oxford: Oxford University Press, p. 151

[62] Video Robert Noyce van het Intel Museum: http://www.intel.com/content/www/us/en/history/history-robert-noyce-man-behind-microchip-video.html

[63] Leslie Berlin (2005), *The Man Behind the Microchip. Robert Noyce and the Invention of Silicon Valley*. Oxford: Oxford University Press, p. 151

[64] Arun Rao & Piero Scaruffi (2013), *A History of Silicon Valley. The Greatest Creation of Wealth in the History of the Planet*, p. 126

[65] Net als bij het geïntegreerde circuit van Robert Noyce was Texas Instruments net iets eerder met de

uitvinding van de microchip, maar zou die van Intel een commercieel succes worden

[66] Gordon Moore in een interview in het eerste deel van de driedelige PBS-documentaire *Triumph of the Nerds* uit 1996 (te zien op YouTube)

[67] Zie: 'Bytes for Bites: The Kitchen Computer', Computer History Museum

[68] Arun Rao & Piero Scaruffi (2013), *A History of Silicon Valley. The Greatest Creation of Wealth in the History of the Planet*, pp. 128-9

[69] Gordon Moore, 'Cramming more Components onto Integrated Circuits', *Electronics Magazine*, 1965, vol. 38 (8)

[70] Er zijn wel zorgen dat de Wet van Moore tegen zijn fysieke grenzen aan loopt. Zie 'No Moore? A golden rule of microchips appears to be coming to an end', *The Economist*, 18 november 2013 en John Markoff, 'Designing the Next Wave of Computer Chips', *New York Times*, 24 januari 2014

[71] Deze voorbeelden komen uit Michio Kaku (2011), *Physics of the Future: How Science Will Shape Human Destiny and Our Daily Lives by the Year 2100*, New York: Doubleday, p. 21

[72] Idem

[73] Voor een kritische bespreking over de nauwe banden tussen Silicon Valley en Stanford, lees: Ken Auletta, 'Get Rich U.', *The New Yorker*, 30 april 2012

[74] Charles Eesley en William Miller, 'Stanford University's Economic Impact via Innovation and Entrepreneurship', oktober 2012

[75] Stanford kreeg in ruil hiervoor 1,8 miljoen aan aandelen, die de universiteit in 2005 verkocht voor 336 miljoen dollar. Zie Lisa Krieger, 'Stanford Earns $336 Million Off Google Stock', *San Jose Mercury News*, 1 december 2005

[76] Google's About-page: http://www.google.com/about/company/

[77] Google Inc, Form 10-K, Annual Report 2013

[78] Ryan Mac, 'Professor Billionaire: The Stanford Academic Who Wrote Google Its First Check', *Forbes*, 1 augustus 2012

[79] Zie 'Billionaire offers college alternative', *60 Minutes*, uitgezonden op 17 mei 2012

[80] Zie http://www.thielfellowship.org/

[81] Julie Bort, 'One Of The Valley's Most Successful College Dropouts Isn't A Fan Of Other People Dropping Out Of College', *Business Insider*, 22 augustus 2012

[82] Geciteerd in James Temple, 'A red-carpet night for scientist', *San Francisco Chronicle*, 15 december 2013

NOTEN

HOOFDSTUK 2: HIPPIES

HOOFDSTUK 2: HIPPIES

[83] Paul Graham, 'How to be Silicon Valley', mei 2006, http://www.paulgraham.com/siliconvalley.html

[84] Stewart Brandt, 'We owe it all to the hippies', *Time Magazine*, spring 1995, 145 (12)

[85] De experimenten in Menlo Park waren onderdeel van Project MKUltra, een geheim overheidsprogramma waarbij in de jaren vijftig en zestig op verschillende plaatsen in de VS drugsexperimenten werden uitgevoerd. Zie o.a. Stephen Foster (red.) (2001), *The Project MKULTRA Compendium: The CIA's Program of Research in Behavioral Modification*. Raleigh: Lulu Press

[86] Journalist Tom Wolfe beschrijft deze *acid tests* uitvoerig in Tom Wolfe (1968), *The Electric Kool-Aid Acid Test*, New York: Farrar, Straus and Giroux

[87] Deze fans, 'Deadheads', toerden mee met de band en namen alle concerten op. In de jaren tachtig was de Deadhead-gemeenschap bijzonder actief in de WELL, een van de eerste *virtual communities*. Alle concertopnames van de Grateful Dead werden online gezet en zijn er nog altijd te beluisteren. Zie o.a. www.dead.net

[88] Zie J.N. Sherwood, M.J. Stolaroff, W.W. Harman, 'The psychedelic experience - A new concept in psychotherapy'. *J. Neuropsychiat.*, 1962 (4), pp. 69-80; C. Savage, M.J. Stolaroff, 'Clarifying the Confusion Regarding LSD-25', *J. Nerv. Ment. Dis.*, 1965 (140), pp. 218-221; W.W. Harman, R.H. McKim R.E. Mogar, J. Fadiman, M.J. Stolaroff, 'Psychedelic Agents in Creative Problem-Solving: A pilot study. Monograph Supplement 2-V19', *Psychological Reports*, 1966 (19), pp. 211-227

[89] Voor een uitgebreide studie van Brand en *Whole Earth Catalog* zie Fred Turner (2006), *From Counterculture to Cyberculture. Stewart Brand, the Whole Earth Network, and the Rise of Digital Utopianism*. Chicago: The University of Chicago Press

[90] Carole Cadwalladr, 'Stewart Brand's Whole Earth Catalog, the Book that Changed the World', *The Guardian*, 5 mei 2013

[91] Alle versies van The Whole Earth Catalog zijn ingescand en terug te lezen op www.wholeearth.com.

[92] Fred Turner (2006), *From Counterculture to Cyberculture. Stewart Brand, the Whole Earth Network, and the Rise of Digital Utopianism*. Chicago: The University of Chicago Press

[93] Stewart Brand (1968), introductie *The Whole Earth Catalog 1968*

[94] Idem

[95] Steve Jobs' *commencement speech* aan Stanford University, 12 juni 2005

[96] Idem

[97] Op de website van The Long Now Foundation kun je tegen betaling voorgaande lezingen terugkijken. Zie: http://longnow.org/

[98] Zie http://longnow.org/revive/

[99] John Markoff (2005), *What the Dormouse Said. How the 60s Counterculture Shaped the Personal Computer Industry*. New York: Penguin Group, p. 65-66

[100] Christina Engelbart, 'A brief history of Douglas Engelbart's work', Doug Engelbart Institute

[101] Vannevar Bush, 'As we may think', *The Atlantic*, 1 juli 1945

[102] Idem

[103] Een opname van Engelbarts 'moeder aller demo's' is terug te zien op Youtube: *The Mother of all Demos, presented by Douglas Engelbart (1968)*

[104] Oud-PARC-medewerker John Warnock in een interview in het laatste deel van de PBS-documentaire *Triumph of the Nerds* (1996)

[105] Fred Turner (2006), *From Counterculture to Cyberculture. Stewart Brand, the Whole Earth Network, and the Rise of Digital Utopianism*. Chicago: The University of Chicago Press, p. 112

[106] Geciteerd in: Walter Isaacson (2011), *Steve Jobs*. New York: Simon & Schuster, p. 97

[107] John Markoff (2005), *What the Dormouse Said. How the 60s Counterculture Shaped the Personal Computer Industry*. New York: Penguin Group, p. 279

[108] Idem, p. 276

[109] Voor meer over het samenkomen van de computer- en hippiecultuur en de geschiedenis van de Homebrew Computer Club, zie John Markoff (2005), *What the Dormouse Said. How the 60s Counterculture Shaped the Personal Computer Industry*. New York: Penguin Group

[110] Fred Moore in de eerste clubbrief van de Homebrew Computer Club, 15 maart 1975. Online te raadplegen via de website van het Computer History Museum

[111] Idem

[112] Geciteerd in: Walter Isaacson (2011), *Steve Jobs*. New York: Simon & Schuster, p. 61

[113] Fred Moore in de eerste clubbrief van de Homebrew Computer Club, 15 maart 1975. Online te raadplegen via de website van het Computer History Museum

[114] John Markoff (2005), *What the Dormouse Said. How the 60s Counterculture Shaped the Personal Computer Industry*. New York: Penguin Group, p. 281

[115] Zie over deze spanning tussen Jobs' hippie-achtergrond en zijn zakelijke carrière ook de BBC-documentaire *Steve Jobs -Billion Dollar Hippy* (2011)

[116] Geciteerd in: Walter Isaacson (2011), *Steve Jobs*. New York: Simon & Schuster, p. 62

[117] Brief van Bill Gates aan de Homebrew Computer Club, 3 februari 1976

[118] Walter Isaacson (2011), *Steve Jobs*. New York: Simon & Schuster, p. 98

[119] Bill Gates geciteerd in Walter Isaacson (2011), *Steve Jobs*. New York: Simon & Schuster, p. 178

[120] Over de smartphone-ruzies tussen Apple en Google, zie Fred Vogelstein (2013), *Dogfight: How Apple and Google Went to War and Started a Revolution*, New York: Sarah Crichton Books / Farrar, Straus and Giroux.

[121] Walter Isaacson (2011), *Steve Jobs*. New York: Simon & Schuster, p. 512

[122] Deze infographic laat zien wie wie aanklaagt in de smartphone-patentenoorlog: Sascha Segan, 'Infographic: Smartphone Patent Wars Explained', *PC Magazine*, 12 januari 2012

[123] Voor meer over Apple's geheimzinnige bedrijfscultuur, zie Adam Lashinsky (2012), *Inside Apple. How America's Most Admired – and Secretive – Company Really Works*, New York/Boston: Hachette Book Group, pp. 31-49

[124] Deze TGIF's vinden overigens plaats op donderdag, zodat ook de medewerkers in Azië via de livestream kunnen meekijken (door het tijdsverschil is het in Azië een kleine dag later dan aan de Amerikaanse Westkust).

[125] Laszlo Bock, 'Passion, Not Perks', *The Rundown*, september 2011

[126] De bekendste vrij toegankelijke bijeenkomsten gaan via Meetup, www.meetup.com

[127] Zie over de filosofie van opensource de artikelen van de opensource-profeet Richard Stallman, bijvoorbeeld Richard Stallman, 'Why free software is more important now than ever', *Wired*, 28 september 2013

[128] Ron Amadeo, 'Google's iron grip on Android: Controlling open source by any means necessary', *Ars Technica*, 20 oktober 2013

[129] Elon Musk, 'All our patents belong to you', Tesla blog, 12 juni 2014

[130] Zie de Wikipediapagina over de Wikipedia-community

[131] Jim Giles, 'Internet encyclopaedias go head to head', *Nature*, 2005 (438), pp. 900-901

[132] Jimmy Wales in een interview met *Business Insider*, Kamelia Angelova, 'What Motivates Volunteers To Build Wikipedia For Free', *Business Insider*, 18 mei 2010

[133] Volgens rankingbedrijf Alexa, geraadpleegd 5 juli 2014

[134] Zie Wikimedia Foundation 2012-2013 Annual Report

[135] Voor een uitgebreide geschiedenis van het internet, zie Jane Abbate (1999), *The invention of the internet*, Cambridge: MIT Press. Een website met een tijdslijn met de geschiedenis van de ideeën en technologie die leidden tot het world wide web vind je hier: http://webdirections.org/history/

[136] Zie ook Frank van Vree: 'Digitaal utopia', *Krisis*, 2009 (2), pp. 86-88

[137] Zie over Wired ook Fred Turner (2006), *From Counterculture to Cyberculture. Stewart Brand, the Whole Earth Network, and the Rise of Digital Utopianism*. Chicago: The University of Chicago Press, pp. 207-237

[138] Zie hierover onder meer Evgeny Morozov (2011), *The Net Delusion: The Dark Side of Internet Freedom*. Philadelphia: Public Affairs

[139] John Perry Barlow, 8 november 1990, 'A not terribly brief history of the Electronic Frontier Foundation', https://w2.eff.org/Misc/Publications/John_Perry_Barlow/HTML/not_too_brief_history.html

[140] Zie https://www.eff.org/about

[141] Voor een overzicht zie TOOOL, The Open Organization Of Lockpickers, 'Lockpick Laws in the United States', http://toool.us/laws.html

[142] Steve Jobs in een interview in het eerste deel van de PBS-documentaire *Triumph of the Nerds* (1996)

[143] Steven Levy (1984), *Hackers*. New York: Delta Publishers, pp. 39-49

[144] Brian Harvey (1985), 'What is a hacker? Appendix to Computer Hacking and Ethics', paper gepresenteerd op ACM Select Panel on Hacking in 1985

[145] Idem

[146] Idem

[147] Met internet.org ondersteunt Facebook projecten die de toegankelijkheid van internet vergroten, onder meer via drones. Google werkt aan een project om internettoegang te verschaffen in afgelegen plekken via luchtballonnen, zie http://www.google.com/loon/

[148] De grootste hackathon in Silicon Valley wordt georganiseerd door Salesforce, met een hoofdprijs van één miljoen dollar

[149] Chris Anderson (2012), *Makers: The New Industrial Revolution*, New York: Crown Business

[150] Zie http://makerfaire.com/

[151] Voor meer informatie over Noisebridge, zie https://noisebridge.net/. Voor een overzicht van hackerspaces wereldwijd zie http://hackerspaces.org/wiki/. In Amsterdam vind je bijvoorbeeld het ASCII (Amsterdam Subversive Center for Information Interchange)

[152] Zie http://techshop.ws/index.html

[153] Geciteerd in: Fred Turner, 'Burning Man at Google. The cultural infrastructure for new media production', *New Media & Society*, 2009 (11), pp. 73-94, p. 83

[154] Greg Kumparak, 'Larry Page wants Earth to have a Mad Scientist Island', *Techcrunch*, 15 mei 2013

[155] Sergey Brin geciteerd in John Markoff en Pascal Zachery, 'In Searching the Web, Google Finds Riches'. *New York Times*, 13 april 2003

[156] 'Letter from the Founders', SEC-filing Google, 29 april 2004

[157] Idem

[158] Voor een kritische bespreking van Google's motto, zie Ian Bogost, 'What is 'Evil' to Google? Speculations on the Company's Contributions to Moral Philosophy', *The Atlantic*, 15 oktober 2013

[159] 'Letter from Mark Zuckerberg', in SEC-filing Facebook, 1 februari 2012

[160] Idem

[161] Idem

[162] 'Letter from @Twitter', SEC-filing Twitter, 3 oktober 2013

NOTEN

HOOFDSTUK 3: ONDERNEMERS

HOOFDSTUK 3: ONDERNEMERS

[163] Het spannende verhaal over de totstandkoming van Twitter, vol intriges en verraad, is te lezen in Nick Bilton (2013), *Hatching Twitter: A True Story of Money, Power, Friendship, and Betrayal*. New York: Portfolio

[164] Anthony Ha, 'Kleiner's John Doerr: "We were wrong" to turn down Twitter', *Venture Beat*, 16 november 2010

[165] Issie Lapowski, 'Ev Williams on Twitter's Early Years', *Inc Magazine*, 4 oktober 2013

[166] Sarah Frier & Leslie Picker, 'Twitter IPO more expensive than Facebook without profits', *Bloomberg*, 4 november 2004

[167] De turbulente opkomst van Facebook is beschreven in Ben Mezrich (2009), *The Accidental Billionaires: The Founding of Facebook, A Tale of Sex, Money, Genius, and Betrayal*, New York: Doubleday. Regisseur David Fincher verfilmde het boek in *The Social Network* (2010). De belangrijkste informant voor *Accidental Billionaires* was Facebookmede-oprichter Eduardo Saverin, die ruzie had gekregen met Zuckerberg. Zuckerberg weigerde medewerking aan dit boek en nadat Zuckerberg voor een onbekend bedrag een schikking sloot met Saverin, wilde de laatste ook niet langer met de auteur spreken. Een boek dat tot stand kwam mét medewerking van Zuckerberg en dat een beduidend sympathieker beeld schetst van de CEO is van David Kirkpatrick (2010), *The Facebook Effect. The Inside Story of a Company that is Connecting the World*. New York: Simon & Schuster

[168] Over de architectuurplannen in Silicon Valley, zie Paul Goldberger, 'The Shape of Things to Come', *Vanity Fair*, januari 2014

[169] Facebook statistieken 31 maart 2014

[170] Loomans wil niet zeggen hoeveel hij aan de overname heeft overgehouden. Toen het blad *Quote* hem in de 'Top 100 Jonge *Selfmade* Miljonairs' plaatste, zei hij in een schriftelijke reactie dat hij niet op de lijst thuishoorde.

[171] Alexia Tsotsis, 'Right Before Acquisition, Instagram Closed at a $50M at a $500M Valuation from Sequoia, Thrive, Greylock and Benchmark', *Techcrunch*, 9 april 2012

[172] Geciteerd in Parmy Olsen, 'Exclusive: The Rags-to-Riches Tale of How Jan Koum Built WhatsApp Into Facebook's New 19 Billion Dollar Baby', *Forbes*, 19 februari 2014

[173] Idem

[174] Persbericht Facebook, 'Facebook to Acquire WhatsApp', 19 februari 2014

[175] Douglas MacMillan, 'Sequoia's Payout in WhatsApp Deal Could Hit $3 Billion', *Wall Street Journal*, 19 februari 2014

[176] Aileen Lee, 'Welcome to the Unicorn Club: Learning from Billion-Dollar startups', *Techcrunch*, 2 november 2013

[177] Zie Arnoud Wokke en Joost Schellevis, 'Uitgekrabbeld: de opkomst en ondergang van Hyves', *Tweakers*, 31 oktober 2013

[178] Rebecca Greenfield, 'Color, the Startup From Hell, is Going Down in Flames', *The Atlantic Wire*, 20 november 2012

[179] Deborah Gage, 'The Venture Capital Secret: 3 Out of 4 Startups Fail', *The Wall Street Journal*, 20 september 2012

[180] Lees het college van Peter Thiel, 'Party like it's 1999?', http://blakemasters.com/post/20582845717/peter-thiels-cs183-startup-class-2-notes-essay

[181] National Venture Capital Association, NVCA Yearbook 2014, p. 12, figure 4.0, 'Venture Capital Investments (in $ Billions), 1985 to 2013'

[182] Michael Lewis (2000), *The New New Thing: A Silicon Valley Story*. New York: W.W. Norton & Company, p. 174

[183] Idem

[184] Ray Delgado, 'Webvan goes under / Online grocer shuts down -- $830 million lost, 2,000 workers fired', *San Francisco Chronicle*, 9 juli 2001

[185] Eric Ries (2011), *The Lean Startup. How Today's Businesses Use Continuous Innovation to Create Radically Successful Businesses*. New York: Crown Business. Zie ook: Steve Blank & Bob Dorf (2012). *The Owner's Startup Manual. The Step-by-Step Guide for Building a Great Company*. Pescadero: K&S Ranch.

[186] Een samenvatting van de uitgangspunten van de Lean Startup-beweging vind je hier: http://theleanstartup.com/principles

[187] Zie bijvoorbeeld: David Streitfield, 'In Silicon Valley, Partying Like It's 1999 Once More', *New York Times*, 26 november 2013; 'Yes, we're in a tech bubble', *Fortune*, 8 mei 2014

[188] Evelyn Rusli en Douglas MacMillan, 'Snapchat Spurned $3 Billion Acquisition Offer from Facebook', *Wall Street Journal*, 13 november 2013

[189] National Venture Capital Association (2014), NVCA Yearbook 2014, p. 36, figure 3.08, 'Venture Capital Investments in 1985-2013 by Region'

[190] Jeffrey Sohl, 'The Angel Investor Market in 2013', Center for Venture Research, University of New Hampshire, 30 april 2014

[191] Zie Jay Yarow, 'Ron Conway: The Scariest Man in Silicon Valley', *Business Insider*, 12 mei 2011

[192] Courtney Palis, 'Ashton Kutcher, Lady Gaga, Justin Bieber: 23 Celebrities Trying To Score Big In The Tech World', *Huffington Post*, 3 december 2012

[193] John Biggs, 'Apple's Beats Deal Is Happening, And It's A Dre Acquihire', *Techcrunch*, 22 mei 2014

[194] Op het moment van schrijven zijn drie Nederlanders actief in de Syndicates van AngelList: Wouter Gort van Atomico en Hyves-oprichters Raymond Spanjar en Floris Rost van Tonningen

[195] Jason Calacanis, 'The Great Venture Capital Rotation', *LinkedIn*, 28 september 2013

[196] National Venture Capital Association (2014), NVCA Yearbook 2014, p. 36, figure 3.08, 'Venture Capital Investments in 1985-2013 by Region'

[197] Nederlandse Vereniging voor Participatieverenigingen (2014), *Ondernemend vermogen. De Nederlandse private equity en venture capital markt in 2013*, april 2014, p. 4

[198] Schumpeter, 'Venture Capital in Europe: Better, but not good enough', *The Economist*, 3 september 2013

[199] Idem

[200] Zie Melissa Cardon, Ryland Potter, 'Misfortunes or mistakes?: Cultural sense making of entrepreneurial failure', *Journal of Business Venturing*, 2011 (26), pp. 79-92

[201] Voor een kritische bespreking van de openheid voor falen in Silicon Valley en de VS, zie Liz Mundy,

[201] 'Losing Is The New Winning. How We Came To Fetishize Failure', *The Atlantic*, oktober 2013

[202] Er zijn wel plannen om de Nederlandse faillissementswet aan te passen. Zie: http://www.antwoord-voorbedrijven.nl/wetswijziging/aanpassing-faillissementswet. Toen dit boek werd geschreven, was onbekend of en wanneer deze voorgestelde wijzigen worden doorgevoerd.

[203] Anna Almendrala, "How Do I Land' Skywriting Prank Brought To You By Kurt Braunohler, Kickstarter', *Huffington Post*, 15 mei 2013

[204] Kickstarter statistieken, 5 juli 2014

[205] Adrianna Jeffries, 'Indie no-go: only one in ten projects gets fully funded on Kickstarter's biggest rival. A comparison of the two crowdfunding giants', *The Verge*, 7 augustus 2013

[206] In 2014 nam Sam Altman de dagelijkse leiding van Y Combinator over; Graham blijft betrokken als adviseur

[207] Voor details zie Sam Altman, 'The new deal', 22 april 2014, http://blog.ycombinator.com/the-new-deal

[208] Voor een overzicht van alle acceleratorprogramma's wereldwijd zie: http://www.seed-db.com/accelerators Micha Hernandez van Leuffen van Wercker nam voor hij naar Silicon Valley vertrok deel aan Rockstart

[209] Steven Levie, 'Y Combinator Is Boot Camp For Startups', *Wired*, juni 2011

[210] Idem

[211] Randall Stross (2012), *The Launch Pad. Inside Y Combinator, Silicon Valley's Most Exclusive School for Startups.* New York: Portfolio / Penguin, p. 36

[212] Scott Austin, 'Doerr and Moritz Stir VC's in One-On-One Showdown', *Wall Street Journal*, 8 mei 2008

[213] Julianne Pepitone, 'Black, female, and a Silicon Valley 'trade secret'', *CNN Money*, 18 maart 2013

[214] Laszlo Bock, 'Getting to Work on Diversity at Google', Google blog, 28 mei 2014

[215] Pat Wadors, 'LinkedIn Workforce Diversity', LinkedIn blog, 12 juni 2014

[216] Jacqueline Reses, 'Workforce Diversity at Yahoo', Yahoo blog, 17 juni 2014

[217] Maxine Williams, 'Building a More Diverse Facebook', Facebook blog, 25 juni 2014

[218] Sheryl Sandberg (2013), *Lean In. Vrouwen, werk en de weg naar succes*. Utrecht: Bruna

[219] National Center for Women & it (2014), *What is the impact of gender diversity on technology business performance? Research summary*

[220] Freada Kapor Klein, 'Kapor Center for Social Impact Responds to Facebook Diversity Numbers', 26 juni 2014

[221] Paul Graham in Randall Stross (2012), *The Launch Pad. Inside Y Combinator, Silicon Valley's Most Exclusive School for Startups.* New York: Portfolio/Penguin, p. 23

[222] Cijfers via woningsite Zillow

[223] Zie http://www.workshopcafe.com/

[224] David Kirkpatrick (2010), *The Facebook Effect. The Inside Story of a Company that is Connecting the World*, New York: Simon & Schuster

[225] Met Sharesquare kan je digitale prikborden maken: www.sharesquare.com

[226] Zie ook Justine Sharrock, 'The Rise and Fall of a Startup Mansion', *Buzzfeed*, 26 augustus 2013

[227] Zie Nellie Bowles, 'Tech Entrepreneurs Revive Communal Living', *San Francisco Chronicle*, 18 november 2013

[228] Sarah McBride, 'Twitter pays engineer $10 million as Silicon Valley tussles for talent', *Reuters*, 13 oktober 2013

[229] Adam Bryant, 'The Phones Are Out, but the Robot Is In', *New York Times*, 7 april 2012

[230] Jena McGregor, 'The catch of having an unlimited vacation policy', *Washington Post*, 13 augustus 2013

[231] Andrew Ross, 'Facebook, partner to build Menlo Park housing complex', *San Francisco Chronicle*, 1 oktober 2013

[232] De lijst 'Fortune: 100 Best Companies to work for', die sinds 2006 jaarlijks wordt opgesteld, is hier terug te vinden: http://money.cnn.com/magazines/fortune/best-companies/index.html

[233] Anne VanderMey, 'Inside Google's Recruiting Machine', *Fortune*, 24 februari 2012

[234] Quora, 'What's the worst part about working at Google?', top answer by Anonymous, http://www.quora.com/Working-at-Google-1/Whats-the-worst-part-about-working-at-Google

[235] Idem

[236] Tony Davila & Marc Epstein (2014), *The Innovation Paradox: Why Good Businesses Kill Breakthroughs and How They Can Change*, San Francisco: Berrett-Koehler Publishers. Zie ook: Clayton Christensen (1997), *The Innovator's Dilemma: When New Technologies Cause Great Firms to Fail*, New York: Harpers Business.

[237] Larry Page in een interview met Harry McCracken en Lev Grossman, 'Google vs. Death', *Time Magazine*, 30 september 2013

[238] Christopher Mims, 'Google's "20% time," which brought you Gmail and AdSense, is now as good as dead', *Quartz*, 16 augustus 2013

[239] Christopher Mims, '20% time is officially alive and well, says Google', *Quartz*, 21 augustus 2013

[240] Adam Lashinsky (2012), *Inside Apple. How America's Most Admired – and Secretive – Company Really Works*, New York: Hachette Book Group, pp. 65-85

[241] Idem, pp. 73-74

[242] Deze hackathon – waarbij de studenten tijdens het hacken veel drank wegzetten – is een sleutelscène in de film *The Social Network* (2010), over het ontstaan Facebook

[243] Rachel King, 'Marissa Mayer describes Yahoo as the 'world's largest startup'', *ZDNet*, 11 september 2013

[244] Peter Thiel en Blake Masters (2014), *From 0 to 1. Notes on Startups or How to Build the Future*. New York: Crown Business

NOTEN

HOOFDSTUK 4: VISIONAIRS

HOOFDSTUK 4: VISIONAIRS

[245] Zie http://blakemasters.com/post/20400301508/cs183class1

[246] 'Doug Engelbart, computer engineer, died on July 2nd, aged 88', *The Economist*, 13 juli 2013

[247] Eva de Valk, 'Kantoor in je broekzak - dus altijd en overal aan het werk', *NRC Handelsblad*, 12 mei 2012

[248] 'ITDMs' Enthusiasm for Technology Comes with a Cost', onderzoek door Harris Interactive, 29 januari 2014

[249] Frans Bromet, 'Mobiel bellen in 1999', via YouTube

[250] CBS, 'Mobiele telefoon nu volledig ingeburgerd', 20 juni 2007

[251] Voor een overzicht zie 'Business and organizations in Second Life' op Wikipedia

[252] 'Infographic: 10 Years of Second Life', 23 juni 2013, http://lindenlab.com/releases/infographic-10-years-of-second-life

[253] Voor meer informatie over VR, lees het interview met VR-pionier Jaron Lanier: Paul Solman, 'Widening the Experiential: Jaron Lanier Explains Virtual Reality', *PBS*, 18 juni 2013

[254] Zie PewDiePie, Guillotine Simulator (Oculus Rift) via YouTube

[255] Mark Zuckerberg, aankondiging overname Oculus-VR, *Facebook*, 25 maart 2014

[256] Adi Robertson, 'Second Life updates graphics, promises Oculus Rift support 'soon'', *The Verge*, 27 september 2013

[257] Geciteerd in: Walter Isaacson (2011), *Steve Jobs*. New York: Simon & Schuster, p. 567

[258] Poornima Gupta, 'Tesla CEO sees EVs being as popular as gas-powered cars', *Reuters*, 22 juni 2012

[259] Tony Dokoupil, 'Elon Musk Shoots for the Stars With SpaceX', *Newsweek*, 21 mei 2012

[260] Peter Diamandis tijdens een lezing aan Stanford University, 4 december 2013

[261] Consumer Report, 'Consumer Reports' Top Picks 2014', februari 2014

[262] Voor een scherpe kritiek op de technocentrische manier van denken in Silicon Valley, lees Evgeny Morozov (2013), *To Save Everything, Click Here: The Folly of Technological Solutionism*. New York: Public Affairs

[263] Zie www.xprize.org

[264] Zie http://qualcommtricorderxprize.org/

[265] Zie http://singularityu.org/

[266] Voor een demonstratie van Bitgov zie YouTube

[267] Vernor Vinge, 'The Coming Technological Singularity: How to Survive in the Post-Human Era', in: *Whole Earth Review*, 1993

[268] Idem

[269] Ray Kurzweil (2005), *The Singularity is Near: When Humans Transcend Biology*. New York: Viking Press

[270] Kurzweil in de documentaire *Transcendent Man* (2009) van filmmakers Felicia en Barry Ptolemy, http://transcendentman.com/

[271] Harry McCracke en Lev Grossman, 'Google vs. Death', *Time Magazine*, 30 september 2013

[272] Geciteerd in Farhad Majoo, 'Where No Search Engine Has Gone Before', *Slate*, 11 april 2013

[273] Zie bijvoorbeeld Julie Bort, 'IBM CEO: 'Do Not Be Afraid' Of The All-Powerful Computer We're Building'', *Business Insider*, 16 oktober 2013

[274] Eric Schmidt, 'Technology Is Making Marketing Accountable', 8 oktober 2005

[275] IBM, 'What is Big Data?', http://www-01.ibm.com/software/data/bigdata/what-is-big-data.html
[276] Idem
[277] Alan Turing, 'Computing machinery and intelligence', Mind, 1950 (59), pp. 433-460
[278] Kasparov nam zijn verlies slecht. In de documentaire Game over: Kasparov and the Machine (2003) van Vikram Jayanti zegt hij: 'Ik voelde me een amateur, die het moest opnemen tegen een afschuwelijk, gezichtsloos monster.'
[279] Julie Bort, 'IBM CEO: 'Do Not Be Afraid Of The All-Powerful Computer We're Building', Business Insider, 16 oktober 2013
[280] Bruce Ubin, 'IBM's Watson Gets Its First Piece Of Business In Healthcare', Forbes, 8 februari 2013
[281] Greg Bensinger, 'Amazon Wants to Ship Your Package Before You Buy It', Wall Street Journal, 17 januari 2014
[282] Gary Markus, 'What Facebook Wants With Artificial Intelligence', The New Yorker, 9 december 2013
[283] Google Now: http://www.google.com/landing/now/
[284] Steve Brady op Google+, 10 juni 2013
[285] Christopher Mims, '2014 is the year of the internet of things—no, seriously, we mean it this time', Quartz, 5 december 2013
[286] David Rose (2014), Enchanted Objects: Design, Human Desire and the Internet of Things. New York: Scribner
[287] Pew Research Center, 'The Internet of Things Will Thrive by 2025', 14 mei 2014, p. 2
[288] Privacystatement van Nest Labs, https://nest.com/legal/privacy-statement/
[289] Persbericht Proofpoint, 'Proofpoint Uncovers Internet of Things (IoT) Cyberattack', 16 januari 2014
[290] Selena Larsson, 'The Internet Of Things Has Been Hacked, And It's Turning Nasty', ReadWrite, 16 januari 2014
[291] Bruce Schneier, 'The Internet of Things Is Wildly Insecure — And Often Unpatchable', Wired, 6 januari 2014
[292] Zie http://quantified-self.meetup.com/
[293] Video's van die presentaties worden online gedeeld: http://quantifiedself.com/
[294] IMS Institute for Healthcare Informatics, 'Patient apps for improved health care. From novelty to mainstream', oktober 2013
[295] Zie ook de reportage van Nellie Bowles die in bars in San Francisco probeert te flirten met Google Glass: Nellie Bowles, 'Only the Lonely: My Nights Out With Google Glass', Recode, 28 april 2014
[296] Kia Makarechi, 'Move Over, Google Glass; Here Come Google Contact Lenses', Vanity Fair, 22 april 2014
[297] Stephanie Lee, 'Google Glass seen as key medical tool', San Francisco Chronicle, 5 februari 2014, p. 1
[298] Richard Byrne Reilly, 'New York Police Department is beta-testing Google Glass', Venture Beat, 5 februari 2014
[299] Robert Scoble tijdens de boekpresentatie van The Age of Context, 19 december 2013 in Xerox PARC, Palo Alto. Robert Scoble en Shel Israel (2014), The Age of Context. Mobile, Sensors, Data and the Future of Privacy. Patrick Brewster Press, pp. 25-30
[300] Zie http://nametag.ws/

[301] Er zijn berichten van Glassdragers die zijn geweerd uit café's in Seattle, New York en San Francisco. In San Diego werd een vrouw bekeurd wegens autorijden met Google Glass. Ze vocht de bekeuring aan en kreeg gelijk: volgens de rechter was het niet te controleren of de bril tijdens het rijden aanstond.
[302] Google Glass Explorers, https://sites.google.com/site/glasscomms/glass-explorers
[303] Idem
[304] Idem
[305] Robert Scoble tijdens de boekpresentatie van *The Age of Context*, 19 december 2013 in Xerox PARC, Palo Alto
[306] Adrianne Jeffries, 'Google patents 'pay-per-gaze' eye-tracking that could measure emotional response to real-world ads', *The Verge*, 18 augustus 2013
[307] Robert Scoble tijdens de boekpresentatie van *The Age of Context*, 19 december 2013 in Xerox PARC, Palo Alto
[308] John Markoff, 'Google Puts Money on Robots, Using the Man Behind Android', *The New York Times*, 4 december 2013; Over de overname van Boston Dynamics: John Markoff, 'Google Adds to Its Menagerie of Robots', *The New York Times*, 14 december 2013
[309] Richard Mahoney tijdens 'Xconomy Forum: Robots remake the Workplace', 11 april 2013 bij SRI International, Menlo Park. Zie voor een vergelijkbare analyse Tom Standage, 'At your service', *The Economist: The World in 2014*, p. 32
[310] Rodney Brooks tijdens 'Xconomy Forum: Robots remake the Workplace', 11 april 2013 in SRI International, Menlo Park
[311] Populair zijn bijvoorbeeld de stofzuigrobots Roomba en Neato
[312] Telepresencerobots worden onder meer ontwikkeld door de bedrijven Romotive, Double Robotics en Revolve Robotics
[313] De mobiele bezorgrobot Tug van Aethon rijdt rond in twee ziekenhuizen in de VS: http://www.aethon.com/tug/
[314] Zie bijvoorbeeld de Da Vinci-robot van Intuitive Surgical: http://www.intuitivesurgical.com/products/davinci_surgical_system/
[315] Zie de robot van het bedrijf Harvest Automation, http://www.harvestai.com
[316] 'March of the Machines', *60 Minutes*, CBS, uitgezonden 13 januari 2013
[317] Erik Brynjolfsson en Andrew McAfee (2011), *Race Against The Machine: How the Digital Revolution is Accelerating Innovation, Driving Productivity, and Irreversibly Transforming Employment and the Economy*, Digital Frontier Press en Erik Brynjolfsson; Andrew McAfee (2014), *The Second Machine Age: Work, Progress, and Prosperity in a Time of Brilliant Technologies*, New York: W. W. Norton & Company
[318] Carl Benedikt Frey en Michael A. Osborne, 'The future of Employment. How suscepticle are jobs to computerisation?', 17 september 2013, Oxford Martin School
[319] Aaron Edsinger tijdens 'Xconomy Forum: Robots remake the Workplace', 11 april 2013 in SRI International, Menlo Park
[320] Idem

[321] Zie voor een evaluatie van de twijfelachtige juridische basis van Amerikaanse drone-aanvallen en de psychologische gevolgen voor de inwoners van gebieden waar drone-aanvallen plaatsvinden het ontluisterende rapport *Living under Drones. The Aftermath of Drones Attacks* (2012) van Stanfordprofessor James Cavallaro: http://www.livingunderdrones.org/

[322] Chris Anderson tijdens 'Xconomy Forum: Robots remake the Workplace', 11 april 2013 bij SRI International, Menlo Park

[323] Zie 3drobotics.com en diydrones.com

[324] Zie http://geekdad.com/

[325] Sue Rosenstock, 4 februari 2014, 'Falcon UAV + 3DR Technology = Wildlife Conservation in South Africa'

[326] 'Jeff Bezos Looks into the Future', item *60 Minutes*, uitgezonden op 1 december 2013

[327] Idem

[328] Justin Gmoser, 'Paul Krugman: Our skies are too crowded for Amazon drones', *Business Insider*, 12 december 2013

[329] FAA-medewerker Jim Williams tijdens de Small Unmanned Systems Business Expo in San Francisco, 8 mei 2014

[330] Voor een uitgebreid achtergrondverhaal over het ontstaan van Google's zelfrijdende auto, zie Burkhard Bilger, 'The auto correct. Has the self-driving car at last arrived?', *The New Yorker*, 25 november 2013

[331] National Highway Traffic Administration, Annual Report 2012, http://www.nhtsa.gov/

[332] INTRIX Traffic Scorecard Annual Report 2012-2013

[333] De rit is terug te zien op Youtube (zoektermen: Self-Driving Car Test: Steve Mahan)

[334] Zie o.a. Alex Hern, 'Self-driving cars irresistible to hackers, warns security executive', *The Guardian*, 28 januari 2014

[335] http://www.youtube.com/watch?v=oqe6S6m73Zw#t=19

[336] Leo Kelion, 'Caterpillar backs eye-tracker to combat driver fatigue', *BBC News*, 28 mei 2013

[337] Polly Sprenger, 'Sun on Privacy: 'Get Over It'', *Wired*, 24 januari 1999

[338] Techbedrijven zijn volgens de Patriot-act, een aantal wetten die zijn ingevoerd na de aanslagen van 9/11 om terrorisme te voorkomen, verplicht om op verzoek van de NSA gegevens van gebruikers door te geven als zij in verband kunnen worden gebracht met een terroristische dreiging. In een poging om enige transparantie te verschaffen, wisten Yahoo, Facebook, Google en Microsoft via de rechter af te dwingen dat zij het aantal verzoeken van de NSA mochten publiceren. Later werd bekend dat de NSA naast de verzoeken met een beroep op de Patriot-act ook de datacentra van Yahoo en Google was binnengedrongen zonder medeweten van de bedrijven. 'Fuck these guys,' schreef een woedende Google-programmeur in reactie in een blogpost

[339] Mark Zuckerbergs Facebookpagina, bericht op 13 maart 2014

[340] Geciteerd in Stephen Levy, 'Why Obama's NSA Reforms Won't Solve Silicon Valley's Trust Problem', *Wired*, 17 januari 2014

[341] Volgens Facebook gaat het om een inmiddels stopgezette test onder vijf miljoen gebruikers; er zou niet gekeken zijn naar de inhoud van de niet-geplaatste berichten. Het bedrijf zegt dat in de toekomst ook niet

van plan te zijn, hoewel het technisch wel mogelijk is. Zie Salvador Rodriguez, 'Facebook can see what users type even if status is not posted', *Los Angeles Times*, 17 december 2013

[342] David Phelan, 'Motorola Moto X review: Listen up - your phone is paying attention to everything you say', *The Independent*, 12 februari 2014

[343] Dit is in strijd met de Nederlandse privacywet. Het College Bescherming Persoonsgegevens (CPB) heeft bezwaar aangetekend, zie http://www.cbpweb.nl/Pages/pb_20130128-whatsapp.aspx

[344] Zie Michael Persson, 'Leger gaat hackers opleiden om aanvallen uit te voeren', *De Volkskrant*, 14 februari 2014

[345] Vinton Cerf, 'Safety and Security in a Transnational Environment', lezing aan Stanford University 22 januari 2014, terug te zien via de website van Stanford

[346] Idem. Een paar maanden na Cerfs lezing trad de CEO van Target af nadat hackers persoonsgegevens van 110 miljoen klanten van het bedrijf hadden gestolen; het was een van de eerste koppen die rolden in het bedrijfsleven als gevolg van een grootschalige hack

[347] Idem

[348] Steven Levy, 'Mark Zuckerberg on Facebook's Future, From Virtual Reality to Anonymity', *Wired*, 30 april 2014